www.united-pc.eu

Rela Ferenz

Tobias Triebel

Krieg und Frieden

* * *

Zwölf Kreuzer

Die Grafen zu Wolkenstein

* * *

Zwei Erzählungen

Umschlagfoto und Bilder im Text
nach Arbeiten von Christina Günther

Tobias Triebel

Krieg und Frieden

1. Tobias hatte den Tisch freigemacht, um da sein Jackett auszubreiten und sah sich die Knöpfe genauer an. Mit deren Glanz war er gar nicht zufrieden. Er rührte eine besondere Paste an, eine Mischung aus Elsterglanz und geraspelter Kernseife, nahm einen feinen Wolllappen und bearbeitete damit deren Oberfläche, bis man sich darin spiegeln konnte. Für die kleinen Löcher in den Knöpfen nahm er eine dieser feinen Stielbürsten, wie es sie für die Reinigung der Lücken zwischen den Zähnen gibt, sorgfältig darauf bedacht, keinen Faden zu beschädigen. Wenn ihm dabei auffiel, dass an einer Stelle das Garn beschädigt war, nähte er den Knopf neu an. Inzwischen waren nun alle Knöpfe streng ausgerichtet und die Fäden liefen senkrecht von oben nach unten, wenn er das Jackett an hatte. Zum Schluss strich er mit einer eigens dafür reservierten Rosshaarbürste vorsichtig über den Stoff, bevor er das Jackett in den Schrank hängte. Triebel sah man nur im Anzug. Wegen des größeren Verschleißes hatte er zu jeder Anzugjacke zwei passende Hosen. Am Abend legte er die Hose vom Tag sorgfältig unter sein Bettlaken. Er schlief wie ein Toter und die Hose war am Morgen wie neu gebügelt. Jeden Samstag war er damit beschäftigt, seine Garderobe in Ordnung zu bringen. Einmal im Monat war Generalreinigung. Dann war das ganze Wochenende damit ausgefüllt, von Freitagnachmittag bis Sonntagabend. Ununterbrochen lief die Waschmaschine. Freitag wurden alle Schuhe eingefettet, damit es über Nacht

einziehen konnte. Triebel lief dann in Haus-
latschen herum, war für niemanden zu sprechen
und verließ seine Wohnung nicht. Von dieser
Ausnahme abgesehen, trug er immer nur Schnür-
schuhe, die bis über die Knöchel reichten. Das
gab einen festeren Halt, besonders im unebe-
nen Gelände. Wie besessen wienerte er mit der
Bürste über das Leder, dass es sich anhörte wie
das Getöse herannahender Panzer.

Dann kam es vor, dass er urplötzlich in die Schuhe
fuhr und aus dem Haus rannte, raus aus der
Stadt bis auf einen kleinen Hügel, wo er vollkom-
men erschöpft niedersank. Er zog noch seine
Jacke aus, mit der er zum Schutz die frisch
gewienerten Schuhe bedeckte, fiel in einen tiefen
Schlaf und wurde von schrecklichen Albträumen
heimgesucht.

Vor den herannahenden Panzereinheiten hatte er
sich hinter eine dicke Eiche gerettet. Sie hatten
ihn übersehen. Flankiert von den Mannschaften,
waren die Tanks vorbeigerollt. Er brachte seine
Maschinenpistole in Stellung und hielt drauf. Lei-
chenteile flogen durch die Luft und Triebel hielt
drauf, wie besessen. Geschützfeuer zerfetzte den
Himmel. Jetzt hatte er sie im Visier und mähte sie
nieder. Bis ein Granatsplitter eine klaffende Wun-
de in seine linke Schulter riss. Triebel schrie auf vor
Schmerz und wurde davon wach. Er war an einem
scharfkantigen Stück Borke hängen geblieben.
Er warf sich seine Jacke über, klopfte den Sand
aus seinen Sachen und ging langsam nach Hause.
»Was war denn los, Herr Triebel, kann ich
Ihnen helfen?«, fragte eine Nachbarin. Tobias

verschwand aber nur stumm in seiner Wohnung, wo er sich noch einmal seine Schuhe vornahm. Ein paar Kratzer, die sie abgekriegt hatten, deckte er mit schwarzer Schuhcreme zu und ließ das erst einmal einwirken. Nachher würde er alles blank putzen und dann sehen sie wieder aus wie neu. Keiner wusste, dass er hohe Schnürschuhe anhatte. Da er die Hosen sehr lang trug, war das nicht zu sehen und er saß auch nie mit übergeschlagenen Beinen da, was die Schuhe zum Vorschein gebracht hätte.

Triebel lebte allein. Er konnte nur allein wohnen. Die meisten seiner Mitmenschen waren für ihn ein Gräuel, nichts als eine unerträgliche Unordnung. Und Unordnung konnte er nicht ertragen.

Triebel ging essen. So sparte er das Einkaufen und brauchte nur eine ganz einfache Küche, ohne Herd. Eine Spüle, ein Wasserkocher, eine Brotbox, ein kleiner Kühlschrank für Getränke, Butter, Käse und Wurst. Das war alles.

2. Triebel fragte immer dieselben Sachen. »Nun, Frau Lehnbach, mit wie viel Ampére müssen Sie denn hier das Klystron absichern?« Seine Augen waren starr auf sie gerichtet und er übertrug eine dunkle Erregung auf Carola, so dass sie noch unsicherer wurde als sie es ohnehin schon war. Es war nicht dasselbe Gerät wie in der vorigen Woche, als zehn die richtige Antwort war. Das hatte sie gesehen und nun sollte sie in die Falle gehen.

Diese Experimente mit ihren Geräten und Versuchsaufbauten, wofür Triebel die Oberaufsicht hatte, beim Anfängerpraktikum und beim

Fortgeschrittenenpraktikum, vier lange Semester, waren Carola ein Dorn im Auge. Es vergällte ihr das ganze Studium.

»Ach wissen Sie, Herr Triebel«, ärgerte sie ihn, »ich nehme eine Hunderter, oder haben Sie in Ihrem Stall hier so etwas nicht? Dann muss ich es eben so versuchen.« »Was machen Sie denn da?« Das Gerät gab seinen Geist auf. »Mein schönes Klystron. Mein schönes Klystron«, jammerte Triebel mit einem schmerzhaften Ausdruck auf seinem Gesicht, als wenn ihm einer ein Messer in die Brust gestoßen hätte. »Da müssen Sie eben besser hinsehen, was hier passiert und mir nicht in den Ausschnitt glotzen, oder wofür kriegen Sie Ihr Geld?« Triebel war sichtlich empört, zurecht, denn das war gelogen. Er verhielt sich immer korrekt. Zum Glück war die Uni gegen Schaden, den die Studenten unter seiner Aufsicht anrichteten, versichert.

Carola hatte sich extra etwas gewagt angezogen, um ihn endlich einmal aus der Reserve zu locken. Dieser Triebel, das war ein Mann, schlank, gepflegt, untadelige Manieren, eine Instanz. Wenn er doch sein ganzes Getue mal lassen würde. Nun, Frau Lehnbach, hätte er sagen können, machen Sie sich mal keine Gedanken. Auf den Schreck gehen wir nachher ein Eis essen. Ich lade Sie ein, darf ich? Aber nein, der hatte sein Klystron im Kopf und sein Magnetron und seine Spulen und Kondensatoren, diesen ganzen nervigen Kram.

Anstelle der Adern, durch die bei anderen Menschen das Blut durch den Körper fließt, hatte der

10

Allmächtige bei dem wahrscheinlich Elektrokabel verlegt. Dabei sah er so gut aus und hätte sie im Handumdrehen um den Finger gewickelt. »Das kalte Herz« fiel ihr ein, das bekannte Märchen aus der Rahmenerzählung »Das Wirtshaus im Spessart« von Wilhelm Hauff. Triebel hatte bestimmt einen Stein in der Brust und war eine Denkmaschine geworden. Das musste es ihm wert gewesen sein und er war mit dem Teufel den Pakt eingegangen. ›Er hat ein menschliches Gesicht. Doch nein, ein Herz, das hat er nicht‹, reimte Carola für sich zusammen, sah angespannt in die Versuchsanleitung und wartete, bis Triebel vorbei war. »Die sollten Sie eigentlich zu Hause studiert haben«, kritisierte der noch, bis er endlich weiter gegangen war. Es wollte ihr nicht in den Kopf, dass sie auf den keinen Eindruck machen sollte. Ihrer Kommilitonen konnte sie sich nicht erwehren. Sie hatte einen leicht asiatischen Einschlag, was ihr einen besonderen Reiz verlieh mit ihren großen, linsenförmigen, braunen Augen. Mit dieser Physik hatte sie eigentlich gar nicht viel am Hut. Sie könnte ja immer noch wechseln, sagte sie sich, hätte sie auch schon lange, wenn da nicht dieser Triebel wäre.

3. Das chemische Praktikum betreute er auch und er las dazu eine Einführung in die Chemie für Physiker. Die ganze anorganische Chemie konnte der und die organische ebenso. Wenn von den Professoren einer ein Problem hatte, brauchte der bloß Triebel zu fragen. Es kam aber nur ganz selten vor. Triebel drängte sich niemandem auf. Das kann doch nicht sein, dass so einer vollkommen emotionslos ist.

Das wäre ja gelacht, wenn sie den nicht aus der Reserve locken würde. Wie er an ihrem Versuch vorbeikam, drehte sie sich plötzlich um und kippte ihm, scheinbar aus Versehen durch eine heftige Bewegung, Salzsäure auf die Schuhe. Sie tat sehr erschrocken. »Schnell ausziehen, Herr Triebel, damit nichts auf die Haut kommt. Keine Angst, nur Schuhe und Strümpfe, Herr Triebel. Wir wollen doch nicht leichtsinnig sein.«

Aber Triebel hatte Carola durchschaut. »Bei dem nächsten geringsten Anlass fliegen Sie von der Universität, Frau Lehnbach. Schreiben Sie sich das hinter die Ohren.« Um die Salzsäure kümmerte er sich nicht. Wie Carola sah, dass sich die Säure durch das Leder fraß, ohne dass Triebel Notiz davon nahm, heulte sie los. »Bitte Herr Triebel, Sie müssen da was machen, darf ich Ihnen helfen?«, flehte sie ihn an, immer wieder. Der ließ sie aber links liegen. Das Praktikum war sowieso gleich zu Ende. Triebel ging nach Hause.

Die schönen Schuhe, die er gerade noch so gut poliert hatte, waren hin. Diese dämliche Ente. Er zog die Schuhe aus. Seine Füße waren schon lange ohne jedes Gefühl, blau gezeichnet, vernarbt und verunstaltet. Nun hatte die Säure einen kleinen Fleck da hineingeätzt, vollkommen ohne Bedeutung. Zu versorgen war da nichts. Sein ganzer Körper war mit Brandflecken übersät.

Richtig geflennt hatte diese Lehnbach. Gespielt

sieht anders aus. Triebel wiegte nachdenklich den Kopf.

Zum Glück hatten sie ihm damals für den Einsatz einen Gesichtsschutz verpasst. So kann er sich jetzt wenigstens sehen lassen. Er lächelte verhalten in sich hinein. ›Das Fräulein Lehnbach. Nein. Das geht nicht. Die würde sich wundern, wenn sie wüsste, in wen sie sich da vergafft hatte.‹ —

4. Helene schlenderte durch die Hafenanlagen von Toulon. Mindestens drei der hier festgemachten Handelsschiffe gehörten ihrem Vater. Auf denen war sie schon als Kind herumgeturnt. Die Offiziere kannten sie alle. Sie überschlugen sich darin, sie in die Geheimnisse der Schiffe einzuweihen, ihr die Handelsgüter zu zeigen, wenn sie schwer beladen aus Fernost hier vor Anker gegangen waren.

Der alte Gourbier betrieb einen schwunghaften Handel. Die französischen Kolonien in Indochina waren eine Goldgrube.

Es war an einem strahlenden Oktobertag. Das Schulschiff "Cortina" der deutschen Marine hatte angelegt. An Bord waren alle zu einem großen Fest eingeladen, besonders natürlich die Frauen. Gegen das ausdrückliche Verbot ihres Vaters war Helene auch hingegangen. Und da hatte es ihr dann der deutsche Marineoffizier Johannes Triebel angetan. Es war Liebe auf den ersten Blick, für beide, dachte sie. Und Helene machte schon große Pläne. Eine Woche lang ging das. Eines Morgens war die Cortina weg. Kein Abschied. Kein nichts. Kein gar nichts. Nicht ein einziges Wort von Johannes.

Acht Wochen später musste Helene ihrem Vater gestehen, dass sie schwanger war. Der setzte nun alle Hebel in Bewegung, diesen Triebel ausfindig zu machen. Schlimm genug, dass Helene ohne Mutter hatte aufwachsen müssen, die bei der Entbindung gestorben war. Einen Triebel kannte aber keiner. Wenn der vielleicht beim Nachrichtendienst war, wie es Gourbier vermutete und das Schulschiff nur als Tarnung benutzt hatte, konnte er lange suchen.

Der alte Gourbier tröstete sich damit, dass er nun wenigstens ein Enkelkind bekommen würde und machte alles, damit seine Tochter mit ihrer Situation zurechtkommt. Er überließ ihr den von der Sonne durchfluteten Südflügel seiner herrschaftlichen Villa.

So war Tobias in diese Welt gekommen. Noch ging es ihm gut, in seiner Mutter und auch, als er dann endlich geboren war, ging es ihm gut, sehr gut. Den Namen Triebel seines Vaters sollte er tragen. Wenigstens das. Eines Tages würde er zurückkommen und es wäre alles wie früher, träumte Helene, die ihren Johannes nicht aufgegeben hatte, nie aufgeben würde. Das mit dem Namen ohne die Geburtsurkunde des Vaters war auf dem Standesamt nicht so einfach. Der alte Gourbier musste seinen ganzen Einfluss in die Waagschale werfen, bis dann schließlich mit einem Hinweis auf die Geheimdienste sein Enkel Tobias Triebel hieß. Dabei wäre doch Tobias Gourbier viel schöner gewesen.

Seit vielen Jahren war Gourbier wieder wirklich glücklich. Vielleicht würde der kleine Tobias ja mal seine Handelsflotte übernehmen. Zunächst aber leitete er alles in die Wege, damit Tobias eine gute Erziehung und Ausbildung erhielt.

Tobias lernte sehr früh sprechen und zeigte für alles, was mit Sprache zusammenhing, eine erstaunliche Auffassungsgabe. Daher suchten sie für ihn eine Schule mit intensiver Fremdsprachenausbildung. Helene sorgte dafür, dass auch Deutsch dabei war. Wenn er schon seinen Vater nicht kannte, so sollte er doch wenigstens dessen Sprache können. Und Helene lernte fleißig mit. Einige Brocken hatte sie noch von Johannes behalten.

Neben Spanisch, Deutsch und Englisch, entwickelte Tobias eine Vorliebe für Chinesisch, Japanisch und Vietnamesisch. Vieles brachte er sich nach anfänglichem Privatunterricht selbst bei und vertiefte sich dabei auch in die asiatische Kultur.

5. Und dann schlug eine Bombe in die Familie ein. Der Großvater erlitt einen schweren Schlaganfall, als ihn die Nachricht ereilte, dass seine gesamte Handelsflotte in einen Hinterhalt geraten, ausgeraubt und versenkt worden war. Er musste sich auf ein Leben im Rollstuhl einrichten. Seine Geschäfte nahm er nicht wieder auf. Geld hatte er genug, um sich Bedienstete leisten zu können, die rund um die Uhr für ihn da waren, Florence, Suzanne und Jeanne.

»Hättest Du gerne einmal meine Schiffe übernommen?«, rief er seinen Enkel zu sich. Der druckste erst ein wenig herum, gestand dann aber, dass er sich das nicht vorstellen könnte,

Handel zu betreiben.»Siehst Du«, sagte der Groß-
vater,»dann ist es Dir ja gerade recht, dass wir
nun auch gar keine Schiffe mehr haben. Hast
Du vielleicht meine Flotte versenkt?«, fragte er
schelmisch,»damit Du nicht Kapitän werden
musst« und sie lachten beide ausgelassen.»Aber
ich wäre gerne mit Dir mitgefahren, um die Län-
der da unten zu sehen und die Menschen.«»Da
wird sich ein Weg finden«, sprach ihm der Groß-
vater Mut zu,»so gut, wie Du schon diese
Sprachen kannst. Ich musste mir immer alles
übersetzen lassen.« Er entließ seinen Enkel, da
er nun Ruhe brauchte.

Zu Tobias' sechzehntem Geburtstag kam ein
Brief von der Registrierungsbehörde der franzö-
sischen Streitkräfte, dass sich Tobias zur Erfas-
sung der wehrtüchtigen Männer vorstellen müsse,
um zu seinem achtzehnten Geburtstag für einen
Einsatz zur Verfügung zu stehen.

Frankreich führte Krieg in Indochina.

Tobias jubelte. So würde sein Wunsch von Viet-
nam vielleicht schon bald in Erfüllung gehen.

6. Aber seine Mutter, Helene war wie vom Blitz
getroffen. Es dauerte lange, bis sie wieder klar
denken konnte. Sie fasste einen Plan. Diesen
deutschen Marineoffizier musste sie finden und
würde ihm von Tobias erzählen. Der hatte ja
noch gar keine Ahnung. Und wenn Johannes
wirklich beim Nachrichtendienst war, wie es ihr
Vater vermutete, dann könnte der vielleicht auch
verhindern, dass Tobias nach Indochina geschickt
wird. Geheimdienste können alles. Sie fasste
wieder Mut.

Helene machte sich auf den Weg. Tobias konnte sie mit gutem Gewissen bei seinem Großvater in der Obhut der drei Frauen lassen. Sie fuhr direkt nach Pullach an der Isar, wo die Zentrale des Nachrichtendienstes ihren Sitz hatte und nahm sich dort eine Ferienwohnung. Mit Toulon hielt sie telefonisch Kontakt und vergewisserte sich regelmäßig, dass es ihrem Sohn auch gut geht. Über Geld könne sie nach Belieben verfügen, hatte ihr der Vater noch mit auf den Weg gegeben.

Sie war jetzt sechsunddreißig und attraktiv wie eh und je. Eine Französin in Deutschland und lauter Militärs, die hier herumliefen. Sie verhielt sich reserviert und ließ gelegentlich geschäftliche Gründe für ihren Aufenthalt durchblicken.

Endlich war sie in einem Café mit einem leitenden Beamten der BND-Behörde ins Gespräch gekommen. Sie gab sich interessiert, aus Höflichkeit, wie sie ihn glauben machte und verabschiedete sich bald, aber nicht ohne den Herrn wissen zu lassen, dass sie hier regelmäßig ihren Café einnehme. So trafen sie sich denn wieder. Kaspar Krone hatte Feuer gefangen, das sie aber nicht erwiderte.

Ganz nebenher erwähnte sie, dass sie einmal in Toulon einen guten Bekannten hatte, einen deutschen Marineoffizier, Johannes Triebel. Da wüsste sie zu gern, was aus dem geworden ist. Zum ihrem großen Kummer hätten sie sich damals aus den Augen verloren.

Kaum hatten sie sich verabschiedet, machte sich Krone daran, nach diesem Johannes Triebel zu forschen und war nicht wenig überrascht herauszufinden, dass dieser Triebel ein Mitarbeiter seiner Behörde war. Den konnte er nicht preisgeben, bei aller Liebe nicht.

Bei ihrem nächsten Zusammentreffen merkte Helene sofort, dass Krone etwas wusste, es aber nicht sagen wollte. Da hatte der Vater also recht gehabt mit seiner Vermutung. Sie stellte sich ahnungslos und verabschiedete sich bald.

Helene wurde nun mit Krone vertrauter, so dass der sich Hoffnungen machen konnte. Sie gingen denn auch schon einmal ein Stück spazieren und er brachte sie nach Hause mit Abschied an der Haustür. Ein paar Tage später durfte er sie bis an die Wohnungstür bringen und dann nahm sie ihn auch mit rein. Und sie gab ihm den Wohnungsschlüssel, damit er kommen konnte, wann immer er Zeit hatte. Es folgten wilde Nächte und der BND plauderte. Helene fragte nicht. Endlich fiel der Name Triebel. Sie verbarg ihr Interesse, da sie ja nun von ihrer jetzigen Beziehung zu Krone ganz eingenommen war. Endlich wusste sie, wo Triebel war und wie sie an ihn herankommen konnte.

7. Helene kündigte kurzfristig ihre Wohnung in Pullach und ließ Krone mit staunenden Augen zurück, als der in die leere Wohnung kam. Sie hatte nie angedeutet, was sie vorhatte.

Triebel lag in der Bucht von Danzig in geheimer Mission. Wieder gab es ein offenes Fest. Da ging Helene hin.

Triebel traute seinen Augen nicht. »Die kleine Gourbier und immer noch so schön. Nein, Du bist ja noch schöner geworden.« Sie lagen sich in den Armen, als wenn zwischen Toulon und Danzig keine Zeit vergangen wäre. Sie hatten sich viel zu erzählen. Und dann sah man, wie Triebel plötzlich einen Luftsprung machte, ja richtig bis fast an die Decke sprang. Sie hatte ihm von Tobias erzählt. Triebel war vollkommen aufgewühlt. »Ja, warum hast Du denn nicht,...ich hätte doch,...« «...ich konnte nicht,...der Vater hatte vergeblich,...« usw. usw. »Und wie hast Du denn jetzt?« Da wurde sie einsilbig. »Du musst uns helfen. Dieser Krieg in Indochina. Ich will Tobias nicht verlieren. Er ist doch auch dein Sohn.« »Alles, was Du willst.«

»Du musst mich heiraten, Johannes. Dann sind wir deutsche Staatsbürger und Tobias muss nicht in diesen französischen Krieg.« Das war ihr lang angelegter Plan, der nun in Erfüllung gehen konnte. »Mein Gelübde, mich nie zu binden, werde ich für Dich brechen. Ich bin noch zu haben, für Dich, Helene, nur für Dich. Da mache ich doch glatt mal eine Ausnahme.«

Die Formalitäten wurden in Danzig erledigt. Sie hieß nun Helene Triebel, geb. Gourbier. »Unser Tobias hat ja schon deinen Namen.« Und sie erzählte, wie sie das damals geregelt hatten. »Endlich kann er Dich als Vater angeben.« Ausgelassenes Fest auf hoher See. Die ganze Besatzung war dabei. Triebel erhielt eine Woche Sonderurlaub. Dann flog Helene nach Toulon zurück.

8. Zu Hause erzählte Helene Tobias die ganze Geschichte. Nun hatte er also einen richtigen Vater. Nur gesehen hatte er ihn noch nicht.

So weit war alles nach Plan gelaufen. Aber die Staatsbürgerschaft. Nein, er wollte Franzose bleiben. Da ließ er nicht mit sich reden. Und Indochina. Er brannte darauf. Seine Hoffnung waren die französischen Streitkräfte.

Großvater war auch immer dahin gefahren. Diese wunderbaren Sprachen. In Vietnam vor allem. Er wird es hören, wie die Menschen dort sprechen und kann ihre Gesichter dabei sehen und wie sich ihre Arme und Hände dazu bewegen. Wie sich ihre Körper im Klang der Worte wiegen. Von ihren Lippen wird er lesen und ihre Seelen in sich aufnehmen. Ihre Sprache offenbart ihr Wesen. Und wenn sie dann bei der Arbeit singen, wird er dabei sein auf ihren Feldern. Diese kleinen Vietnamesinnen hatten es ihm angetan, wie Kind und Frau in einem, über die er schützend seine Arme ausbreiten wird. Tobias war ein kräftiger junger Mann. Er war einfach verliebt in dieses Land, das so wunderbar schlank war und mit seiner Sprache einen Zauber über ihn ausgegossen hatte und das er eigentlich gar nicht kannte.

Und die Streitkräfte wachen über die Ordnung. Die hätten den Überfall auf Großvaters Flotte verhindert. –

Tobias träumte seinen Traum.

Und die Ängste seiner Mutter? Das versteht sie nicht. Sie muss ja nicht mitkommen. Ihre ganze Reise nach Deutschland, die hätte sie sich sparen können. Nun, er wusste jetzt, wer sein Vater war. Viel Wesens hatte der um ihn nicht gemacht.

Bei den Militärs ging Tobias schon ein und aus.

Jemand, der chinesisch, japanisch und vietnamesisch spricht und von der Ferne träumt, der war willkommen. Und sie warteten nur darauf, dass sie ihn endlich nach Indochina ausfliegen konnten. Helene war machtlos. Und der Großvater. Der war in seiner Jugend selbst ein Draufgänger gewesen. Sonst hätte er es nie zu einer eigenen Flotte gebracht. Und er hätte ihn mit seinen Schiffen ja auch nach Indochina geschickt. Seine Einwände wären unglaubwürdig. Vielleicht war es ja auch gar nicht so schlimm und Helene machte sich unnötig verrückt.

9. Ankunft auf dem Militärflughafen von Saigon. Tobias trug eine Uniform der Luftstreitkräfte, hatte alle Dolmetscher unter sich und wurde für die hochrangigen Zusammenkünfte eingesetzt, da er simultan zwischen mehreren Sprachen vermitteln konnte. In eine schreckliche Militärmaschinerie war er geraten. Nicht einmal Zeit für Enttäuschung blieb ihm. Er war froh, gelegentlich ein paar Stunden Schlaf zu finden.

Nur von weitem sah er, wie die schweren und schmutzigen Arbeiten von Einheimischen gemacht wurden. Kulis waren sie. Anders konnte man das nicht benennen.. Wenn er in ihre Nähe kam, versuchte er ein paar Brocken aufzuschnappen, wie sie ungeniert sprachen, nicht ahnend, dass er sie verstand.

Tobias versuchte sich an einige Zeilen aus dem Versroman »Truyen Kieu« des vietnamesischen Dichters Nguyen Du zu erinnern und sagte sie in ihrer Nähe vor sich hin. Da horchten sie auf, fragten nach, er antwortete in fließendem Vietnamesisch. Und die Verbindung zwischen ihnen war hergestellt.

Tobias achtete streng darauf, dass seine Kontakte zu den Einheimischen unbeobachtet blieben. Von ihnen erfuhr er die Wirklichkeit über Vietnam. Dass seine Illusionen so kläglich und grauenhaft zusammenbrachen, hatte er sich nicht träumen lassen. Um nicht mit leeren Händen dazustehen, gab er einiges von dem weiter, was er bei den Militärs übersetzt hatte.

Tobias wurde aber bald versetzt und immer und immer wieder. Nur ganz selten gelangen ihm Kontakte mit der dortigen Bevölkerung. Zuletzt war er in der Hölle von Dien Bien Puh dabei und wurde nach einem Lungendurchschuss kurz vor der französischen Kapitulation ausgeflogen.

10. Helene war selig, Tobias lebend wieder zu sehen. Aber ihr Sohn war ein anderer geworden, verhärtet, voller Hass gegen diesen ganzen Kolonialismus. Selbst der Großvater kam nun nicht mehr gut dabei weg. Von seinem ganzen Geld wollte er nichts sehen. Keinen Heller.

Das einzige, was er gut fand, war der vollständige militärische Rückzug Frankreichs. Ob sie nun seine Vietnamesen leben ließen, wie die es wollten. Aber nein, jetzt setzten sich die Amerikaner fest. Tobias musste was tun. Er hatte etwas wieder gut zu machen nach dem ganzen Leid, das sie da angerichtet hatten.

Als alter Vietnamkämpfer der französischen Streitkräfte meldete er sich bei den Amerikanern, um dort unten wieder als Dolmetscher dabei zu sein. Zu seiner Mutter hatte er nur noch so viel Kontakt, dass er sie über den Gang der Dinge in Kenntnis setzte. Helene ist daran fast verrückt geworden. Sie dachte an Johannes. Sie musste zu ihm. Vielleicht konnte der helfen. Es war ja auch sein Sohn.

Johannes war über die Absichten von Tobias erschrocken. Er versuchte, eine Verbindung zum CIA[1] in Vietnam herzustellen. Die hatten aber kein Interesse, ihre Aktivisten preiszugeben und mauerten. Als sie dann schließlich doch bereit waren, Auskunft zu geben, war es zu spät.

Tobias hatte eine tadellose Akte. Es dauerte nicht lange und er wurde wieder nach Saigon geflogen. Wieder landete er auf dem Militärflughafen. Die Zeit wiederholte sich buchstäblich. Abends traf er seine Kulis. Die dachten, ein Gespenst zu sehen. Zwei Tage später weihte er sie in seinen Plan ein. Sie sollten ihn in einer Blitzaktion zu den Vietcong bringen, egal was es kostet. Solche staunenden Augen hatte er in seinem Leben noch nicht gesehen.

11. Hier endet hier mein Wissen über Tobias Triebels Aufenthalt in Vietnam. Er hat nie auch nur ein einziges Wort über diese Zeit verlauten lassen.

Ich weiß nur, dass er eines Tages aus Vietnam direkt in die Charité nach Berlin geflogen worden war und lange Zeit dort behandelt wurde.

Als er anschließend für eine langfristige ambulante Weiterbehandlung in das Klinikum Buch

---

[1]Central intelligence Agency. Oberste Geheimdienstbehörde der USA.

überwiesen wurde, hatte er sich parallel dazu an der Humboldt-Universität für das Physikstudium eingeschrieben. Er bekam offenbar einen Sonderstatus, genügte allen Leistungsanforderungen im Eilverfahren und machte nach kaum mehr als zwei Jahren sein Diplom. Einer steilen Hochschulkarriere stand da nichts mehr im Wege, fachlich nicht und eben auch nicht politisch, was ja damals in der DDR eine 'conditio sine qua non'[2] war.

Nichts dergleichen. Triebel nahm sich der Experimente an, welche die Physikstudenten durchführen mussten. Er organisierte Material und Geräte und war schnell zum Leiter des physikalischen Praktikums aufgestiegen. Als Franzose konnte er ungehindert nach Westberlin fahren, wo er gelegentlich wichtiges Material für die Versuchsaufbauten beschaffte.

Obwohl etliche Studienjahre unter ihm, war ich so etwas wie sein Vertrauter geworden.

An manchen Tagen schlossen wir uns da ein, in den Praktikumsräumen, zwischen den Geräten und Tobias erzählte mir aus seinem Leben. Er redete unaufhörlich. Das tat ihm gut. Bis er an die Stelle kam, wo er zu den Vietcong gegangen war. Dann brach er abrupt ab.

Zu Hause brachte er seine Garderobe auf Hochglanz. Das musste von seinen Kampfeinsätzen bei den Vietcong zurückgeblieben sein. Ein richtiger Dachschaden. Es gab schlimmere. Während andere verrückt geworden waren, saß er da und wienerte wie besessen seine Stiefel.

---

[2]'Bedingung, ohne die nicht', unabdingbare Voraussetzung.

Später habe ich mir sein neues Leben so erklärt, dass er seinen Kopf mit neuen Dingen vollstopfen musste, damit nichts hochkommt. Und da boten die Naturwissenschaften reichlich Nahrung. Er packte derart viele Einzelheiten in sein Gehirn, dass er ein wandelndes Lexikon wurde. Da ihm die Physik nicht reichte, nahm er die Chemie dazu. Keiner verstand, dass er sich bei seiner Kompetenz damit begnügte, für die Studenten den praktischen Umgang mit den physikalischen Geräten zu kontrollieren, nichts weiter, kein Amt, kein Titel. Ich habe ihn auch nie anders als deutsch sprechen hören, kein einziges anderes Wort. Die es nicht besser wussten, nahmen an, dass er eben keine Fremdsprachen könne, musste er ja auch nicht, da er nur für die Durchführung der Versuche zuständig war. Wenn ein Student mit einem Buch in Englisch zu ihm kam, um daraus etwas zu fragen, buchstabierte er unbeholfen darin herum. Es waren die wenigen Male, wo ich ein verstecktes Lächeln über sein Gesicht habe gleiten sehen.

12. Für Frauen war in seinem Leben schon lange kein Platz mehr gewesen. So war er denn doch erstaunt, als es eine geraume Zeit vor Beginn der Praktikumsstunde klopfte und Carola in der Tür stand. Mit ihren verführerischen Augen sah sie ihn groß an. »Herr Triebel, ich möchte mich bei Ihnen ganz aufrichtig entschuldigen. Es tut mir so leid, dass ich mich wie eine dumme Gans benommen habe. Ich würde es so gerne wieder gut machen. Bitte Herr Triebel, ich möchte Sie einladen und werde in der Eisbar Sybille auf Sie warten, jeden Tag ab siebzehn Uhr. Geben Sie Ihrem Herzen einen Stoß und kommen Sie hin.« Dann machte sie so etwas wie einen angedeuteten Knicks, drehte sich um und ging.

Das ließ ihn denn doch nicht unberührt. So ein angenehmes Wesen. Es ging ihm unter die Haut. Diese zierliche Gestalt. Heute ging er da nicht hin, morgen auch nicht und Carola wartete an beiden Tagen zwei ganze Stunden lang, bis sie enttäuscht ging.

Aber dann hatte es ihn doch aufgewühlt. Wenige Minuten nach fünf betrat er die Eisbar. Carola saß an einem Tisch in der Ecke und strahlte, als sie ihn sah. Sie stand auf, nahm mit ihren beiden Händen seine gewaltige Pranke. »Sie machen mir so eine Freude, Herr Triebel« und wäre ihm am liebsten um den Hals gefallen und drückte ihn auf den Stuhl ihr gegenüber. »Ich weiß, Sie wollten mir Gelegenheit geben, erst die ganze Eiskarte durchzukosten, damit ich Ihnen was empfehlen kann. Habe ich auch und kann ich nun.« Triebel fuhr es durch die Glieder, dass er Mühe hatte, seine Fassung zu bewahren. »Ihnen ist doch klar, Frau Lehnbach«, sagte er nun, als er sich wieder unter Kontrolle hatte, »dass das Praktikum jetzt noch schwerer für sie wird. Die geht mit dem Triebel ins Café und schon hat sie ihren Schein, wird es heißen, während er uns unablässig quält. Das kann ich mir nicht erlauben. Es gibt genug Leute im Lehrkörper, die mir nicht grün sind.« Aber Carola lachte nur. »Wissen Sie was, morgen, wo ich den Millikan-Versuch machen muss, fragen Sie mir ein Loch in den Bauch. Ich antworte nur Unsinn. Da muss ich mich gar nicht groß verstellen. Und dann schmeißen Sie mich raus.« Sie beugte sich zu ihm rüber und flüsterte ihm ins Ohr, »und am Abend treffen wir uns in der 'Letzten Instanz'[3]. Das kennt keiner. Bitte Herr Triebel. So machen wir das. Sie müssen das ja dann wieder gut machen, wenn Sie mich nach Hause geschickt haben. Ich will doch nicht, dass Sie leiden.« Die wickelt mich vollkommen ein, ging es ihm durch den Kopf. Und er wusste nicht, was er dagegen machen sollte. Er straffte sich und trank seinen Eiszauber. »Es hat mich gefreut, Sie als einen so netten Menschen kennengelernt zu haben, Frau Lehnbach.« Er bedankte sich für die Einladung und ging. Carola war enttäuscht und wartete gespannt auf das nächste Praktikum. Triebel sah sie gar nicht, die ganzen zwei Stunden nicht, in denen er sich mit komplizierten Schaltungen auseinandersetzte. Nicht einmal zu einem Zunicken war es gekommen. Nichts.

Beim nächsten Mal hatte sie den Schwingkreis. »Die Frequenz, Frau Lehnbach«, tauchte Triebel plötzlich hinter ihr auf. Sie musste passen. »Eigenfrequenz, Dämpfung. Irgendwas müssen Sie doch wissen.« Sie hatte aber keine Ahnung. »Können Sie Traktor fahren, Frau Lehnbach?« Sie sah ihn groß an. »Oder können Sie das auch nicht? Auf jeden Fall gehören Sie in die Landwirtschaft. Da werden Leute wie Sie gebraucht. Das ist nichts Schlechtes.« »Jetzt gehen Sie aber

---

[3]'Zur letzten Instanz', alte Berliner Gaststätte neben dem Gebäude mit dem Obersten Gericht der DDR.

zu weit, Herr Triebel«, setzte sich Carola zur Wehr. »Und Sie gehen jetzt nach Hause, Frau Lehnbach und stecken ihre Nase ins Buch.« Er klappte ihren 'Leitfaden für das Praktikum' zu und sie musste den Raum verlassen – mit gemischten Gefühlen. Sie so niederzukanzeln. Oder war das die Verabredung.

13. Carola wartete in der 'Letzten Instanz'. Er kam aber nicht, erst am dritten Tag ging er dorthin. Nun hatte Carola zwar wieder gewartet. Sie gab sich aber nicht zu erkennen, als sie ihn kommen sah. Und Triebel ging gleich wieder.
Beim nächsten Praktikumstermin fand Carola kein Ende und war die letzte. »Kommen Sie zum Schluss, Frau Lehnbach. Die Zeit ist um«, mahnte Triebel, den es drängte, seine Garderobe vom Tagesstaub zu befreien und die Schnürschuhe zu bürsten. »Ich habe einen Kurs in der Fahrschule belegt für Traktoren, Mähdrescher und Heuwagen. Warum können Sie eigentlich nicht zugeben, dass Sie mich mögen, Herr Triebel?«, sagte Carola und verließ den Raum, ohne sich umzusehen.
Sein Puls raste. Diese Frau hatte ihn verhext. Und ihr asiatischer Einschlag tat ein Übriges. In der darauf folgenden Stunde blieb sie wieder bis zuletzt sitzen.
»Was wollen Sie, Frau Lehnbach?« »Ich will Sie«, sagte sie ganz offen und sah ihn groß an. Triebel blieb lange in sich versunken stehen. »Wollen Sie sehen, was Ihre Säure bewirkt hat. Wenn Sie das aushalten, können wir mal miteinander reden.« »Mein Gott, was habe ich angerichtet?«

»Gar nichts haben Sie angerichtet.« »Ich will es sehen. Ich will es sehen«, sagte sie immer wieder. Triebel verschloss die Praktikumstür. Dann setzte er sich hin, schnürte einen Schuh auf und streifte den Strumpf runter, so dass sein schwarz verbrannter Fuß zu sehen war. »Diese kleine Stelle da«, zeigte er auf einen Punkt, »haben Sie bewirkt, nichts weiter.« Carola sackte bewusstlos zusammen. »Nun gehen Sie nach Hause, Frau Lehnbach«, sagte Triebel nur, als sie wieder zu sich gekommen war. »Beim nächsten Praktikum dürfen Sie wieder länger bleiben, wenn Sie denn wollen.« »Ich würde gerne noch hier bleiben«, widersprach Carola. »Sie müssen jetzt gehen.« Er brachte sie an die Tür. »Übrigens, Frau Lehnbach, mein ganzer Körper ist so dekoriert. Eins noch. Fragen Sie mich nie danach. Niemals«, setzte er scharf hinzu und schloss hinter ihr die Tür.

14. Als Carola in ihre kleine Studentenwohnung kam, die sie zum Glück für sich allein hatte, war sie vollkommen verzweifelt. Es brach immer wieder über sie herein, dass sie laut losheulen musste.

Triebel war innerlich nun doch von der Angst befallen, Carola könne sich jetzt von ihm abwenden. Was für eine Frau, konnte er sich seiner Gefühle für sie nicht erwehren.

Triebel hantierte mit seinen Geräten und gab den Studenten praktische Hilfen. Der Unterricht ging zu Ende. Ob sie wieder länger bleiben würde. Noch war sie nicht gegangen. Jetzt war keiner mehr da. »Ich möchte immer in Ihrer Nähe sein, Herr Triebel«, hatte sie seine Gedanken erraten. »Gut, dann treffen wir uns heute Abend in der 'Letzten Instanz' und ich mache Sie erst einmal zu meiner Hilfsassistentin. Das gibt sogar ein bisschen Geld.«

Von Seiten der Studenten hagelte es Proteste. Die größte Null und die bekommt die Stelle. Das ist Schiebung. Offizielle Beschwerde. »Sie geht besonders vorsichtig mit den teuren Geräten um«, erklärte Triebel, was er gar nicht nötig gehabt hätte. Damit war Ruhe.

Triebel saß schon an dem bestellten Tisch, als Carola kam. Er stand auf, half ihr aus dem Mantel. Sie hatte sich entzückend zurechtgemacht. Triebel verschlang sie mit den Augen. »Für jeden erst einmal ein Glas Wein. Stoßen wir an«, sagte er. Sie stand auf, beugte sich über ihn und küsste ihn lange auf den Mund. »Falls der Wein zu trocken ist«, erklärte sie. »Du bist nun mein Eigentum, Tobias«, ergänzte sie noch. Sie nahm seine dicke Pranke und wollte sie gar nicht mehr loslassen. »Carola, Carola«, zog er seine Hand zurück. »Du hast keine Ahnung, worauf Du Dich da einlassen willst.«

Der Abend war einfach schön. »Woher hast Du denn diese niedlichen Schlitzaugen?«, fragte er. »Weißt Du, väterlicherseits, das waren bei uns die Schlitzohren. Die haben das Geld gemacht. Von mütterlicher Seite kommen die Schlitzaugen, damit wir den Männern besser zublinzeln können.« Und sie sah ihn verschmitzt von der Seite an. »Großmutter hat immer gesagt, die hat ihr Großvater aus Bangkok mitgebracht. Mein Ururgroßvater hatte wirklich von dort seine Frau mitgenommen, weil sie so schön war und so brav. Und das hat sich auf mich übertragen. Ich will auch immer ganz brav sein, wenn Du alles machst, was ich sage.«

Tobias seufzte. Er wusste, dass es so nicht bleiben würde. Schon spürte er, dass diese Unruhe wieder hoch kam. Er beeilte sich, Carola an ihrer Haustür zu verabschieden und nahm dann selbst seinen Weg.

Und dann, urplötzlich raste er los, immer weiter, immer schneller, bis er in den Schutz des nahe gelegenen Waldstückes kam, wo er erschöpft neben einem Baum niedersank. Er verlor das Bewusstsein. Gewitter. Panzer und Tiefflieger griffen an. Er hielt mit seiner Maschinenpistole drauf. Ein abgerissener Arm flog durch die Luft und peitschte, von unsichtbarer Hand geführt, auf ihn ein. Mit einem gellenden Schrei zerriss er die Luft. Das musste bis an die ersten angrenzenden Häuser gedrungen sein. Als er nach Hause ging, kamen ihm Leute entgegen. Ob er was gesehen habe. Nein, hatte er nicht. Ein Knopf war von seiner Jacke abgerissen und die Schuhe sahen nicht mehr so gut aus. Da hatte er zu Hause zu tun.

15. »Nächste Woche muss ich zu Grube in die Prüfung. Das ist mein Aus«, gestand Carola. Triebel machte für den Professor die Vorbereitungen für die Versuche und wusste, dass der wegen einiger Konferenzen gerade viel um die Ohren hatte.»Wenn es Ihnen hilft, würde ich auch mal wieder ein paar Prüfungen übernehmen, Herr Grube«, bot Triebel an. »Es interessiert mich ja auch, was die Studenten eigentlich bei mir mitkriegen.« »Das wäre mir sehr recht, mein lieber Herr Triebel«, sagte der Professor erleichtert. »Lassen Sie sich von meiner Sekretärin die Unterlagen geben. Das ist ja ganz prima. Ich bin dann weg« und auf und davon war er.

Ich erhielt von Triebel einen Anruf, ob ich kurzfristig als Beisitzer für ein paar Prüfungen einspringen könnte. Machte ich doch gerne.

Ich sah auf die Liste. Da stand Carola Lehnbach, und ich musste schmunzeln. Als Carola hereingerufen wurde, bekam sie einen Schreck. »Ich muss zu Grube«, sagte sie. »Ich darf nicht zu spät kommen, wenigstens das nicht. Wo ist denn Grube?« »Der ist auf einer Konferenz in Tokyo. Wir vertreten«, sagte ich. »Der Herr Triebel prüft Sie. Hoffentlich haben Sie ihn im Praktikum nicht zu sehr geärgert.« Los ging's. Die elektrische Schwingung. Frequenz, Dämpfung, Impedanz. Ich protokollierte die Fragen und schrieb die Antworten gleich mit dazu ins Protokoll. Carola stotterte hin und wieder etwas dazu. »Wir beraten jetzt über Ihre Zensur«, schickte ich sie raus.

Triebel ließ sie gleich wieder rein kommen. »Das war doch besser als erwartet«, sagte ich. »Rechnen wir die Praktikumsleistungen hinzu, können wir eine zwei minus verantworten, nicht wahr, Herr Triebel?« »Sie sagen es. Herzlichen Glückwunsch. Der nächste soll reinkommen.«

Draußen wurde sie von ihren Kommilitonen

umlagert. »Wie war es?« »Der Teltow mischt sich da ein. Schwer sind die Fragen nicht. Ich bin durch« und sie machte einen Luftsprung. Ob sie nicht zum Hochsprung wolle, fragte sie die Tante vom Sport, die das auf dem Gang beobachtet hatte.

16. »Meinst Du, ich werde eine bedeutende Physikerin, vielleicht so wie die Lise Meitner[4]?«, kam Carola in den Praktikumsraum, um ihre Hilfsassistentenstelle wahrzunehmen. Triebel beschäftigte sich gerade mit der Vorbereitung neuer Versuche. »Sag es nur frei heraus. Weißt Du, ich muss aufpassen, dass ich nicht zu klug werde. Das mögen die Männer nicht und dann darf ich vielleicht nicht mehr zu Dir kommen, weil Du Angst haben musst, dass ich Dich in der Physik ständig reinlege. Ich muss eine Auszeit nehmen, Tobias. Der Kopf wird mir zu voll.« »Komm, fass mal hier mit an. Wenn ich den Versuch fertig habe, können wir ja noch mal in die 'Letzte Instanz' gehen. Carola, was Du Dir so denkst, das geht nicht«, sagte er und hoffte auf ihren hartnäckigen Widerstand. »Siehst Du, schon wieder war ich schneller im Denken als Du. 'Zur letzten Instanz', das geht nicht. Ich habe zu Hause alles vorbereitet, bitte, bitte, bitte, bitte.« Triebel gab sich geschlagen und blieb bis spät in die Nacht. »Wenn Du Dich hier auf die Couch legst«, versuchte ihn Carola zum Bleiben zu überreden, »gibt es morgen ein wunderbares Frühstück. Heute ist doch Samstag. Du musst nicht weg«. »Nein, Carola«, sagte er. »Ich kann nicht

---

[4]Lise Meitner lieferte die theoretische Erklärung für die von O. Hahn entdeckte Kernspaltung.

bleiben, aber morgen früh, da komme ich gerne«, setzte er noch hinzu, nahm seinen Mantel und ging. Carola wusste wohl, was es war. Er hatte Angst, dass sie seinen verbrannten Körper sieht.

Mit dem Frühstück hatte sie sich große Mühe gegeben und freute sich, wie Tobias zulangte. Dann setzte sie sich dicht neben ihn und nahm seine Hand. »Tobias, ich weiß, was in Dir umgeht.« »Weißt Du nicht«, fuhr er sie scharf an und zog seine Hand zurück. Er beruhigte sich aber gleich wieder.

Wie sollte sie es ihm sagen. »Wir gehen ja beide nicht mehr in den Kindergarten, Tobias. Keiner kann Dir wirklich helfen. Aber ich kann Dich noch einmal aus der Retorte ziehen. Einen winzig kleinen Tobias kann ich Dir schenken, mit seinen kleinen Ärmchen und Beinchen und Füßchen und Händchen, alles samtig und weich und weiß und biegsam wie Gummi. Und wenn er dann auf Deiner Schulter sitzt, Deine Haare zerzaust und Dir seine kleinen, dicken Fingerchen in die Augen drückt, ein liebes, kleines Speckpaket. Und das alles ist niemand anderes als Du selbst. Deswegen nennen wir ihn auch Tobias. Und ich ein bisschen dazu. Siehst Du. Dafür nehme ich gerne mal eine Auszeit. In der Physik weiß ich sowieso alles, oder fast alles. Du hast es ja selber gesehen, gestern, in der Prüfung.«

»Mein Gott, Carola«, sagte er vor sich hin. Da kam er nicht gegen an. Was sie da sagte, das überflutete ihn, als wenn Sonne in seinen Kopf drang, auf einmal und die Welt um ihn herum klarer wurde, hell und weit. Er hielt eine Hand schützend vor die Augen und wurde gewahr, dass in diesen wenigen Augenblicken sein Kopf freier geworden war. Haarscharf sah er in sich hinein. Tausend Bilder flogen an ihm vorbei, die schrecklichen und die lebendigen. Sein Trauma war von ihm gewichen. Er zog Carola zu sich heran und hielt sie lange umarmt.

»So machen wir das«, sagte Tobias schließlich. »In der Physik weißt Du wirklich schon viel zu viel. Da brauchst Du dringend eine Pause, damit ich hinterherkomme.«

17. Carola war selig, voller Kraft und Ideen. Ihr erster Weg war in die Studienabteilung. Sie müsse eine Auszeit nehmen, wegen der Schwangerschaft, sagte sie und drei Jahre Kindererziehungszeit solle sie auch gleich mit eintragen, damit sie ihrer sozialistischen Heimat tüchtige sozialistische Staatsbürger schenken könne, junge Arbeiter und Soldaten, die die Produktion hoch halten und die Grenze schützen. Die Dame am Schreibtisch hatte sich richtig weggeduckt und war so überrumpelt, dass sie nichts einzuwenden wagte und wortlos alle Formulare ausfertigte. Carola musste sich noch ein paar Stempel holen und ging dann nach Hause.

»Schwangerschaftsurlaub habe ich schon«, zeigte sie nach dem Abendessen Tobias ihre in der Uni erworbenen Scheine. »Du musst nur noch zu mir unter die Decke.«

Dieses Geschöpf ist ein Geschenk des Himmels. Was hatte sie nur an ihm gefressen. Weil seine Knöpfe so schön angenäht und seine Hosen so gut gebügelt waren, vielleicht. Frauen sind mit

Garderobe zu beeindrucken. Sie gehen davon aus, so muss auch der Geist sein, der dahinter steckt. Vielleicht ist ja was dran. 'Soweit es in meinen Kräften steht, werde ich ihr jeden Wunsch erfüllen', sagte er zu sich.

»Nun sag schon, soll er Franzose werden oder Bürger der Deutschen Demokratischen Republik. Ich will einen kleinen Franzosen. Ich will einen kleinen Franzosen. Wir fahren nach Toulon. Wir fahren nach Toulon«, jubelte sie.

»Kann ich nicht auch Franzose werden, Tobias?« Sie sah ihn so hilflos an, wie sie nur konnte. »Wir müssen eben heiraten, Tobias. Du willst mich doch bestimmt heiraten. Mit meiner Schwangerschaftsbescheinigung bekommen wir einen schnellen Termin auf dem Standesamt.«

Wie war es ihm eben noch durch den Kopf gegangen, 'soweit es in meinen Kräften steht, werde ich ihr jeden Wunsch erfüllen'.

Ganz so einfach ging es jedoch nicht, dass Carola als DDR-Bürgerin einen Franzosen heiratet. Frankreich gehörte zur Nato. Indessen war die Reputation, die Tobias auf Grund seiner ganzen Lebensgeschichte in der DDR genoss, so unanfechtbar, dass sie die Genehmigung erhielten. Für Carola wurde eine doppelte Staatsbürgerschaft vereinbart.

Für Tobias gab es Sicherheitsprobleme. Er hatte sich damals in Vietnam, um von einem Anschlag abzulenken, gefangen nehmen lassen. Schnell wurde klar, dass er der vermisste Dolmetscher war. Es folgten lange Verhöre, da gegen ihn ein dringender Spionageverdacht bestand. Er wurde arretiert und war dann von den Vietcong in einem Handstreich wieder befreit worden. Das alles passierte sehr grausam und verlustreich. Und nun war er bei den Amerikanern gespeichert und wurde gesucht, als Spion und Terrorist. Von Ostberlin kommend, betrat er deswegen in Westberlin auch nur den französischen Sektor, über die Bösebrücke auf der Bornholmer Straße. Und deswegen flogen sie auch von Tegel ab mit der Air France zum Flughafen Toulon-Hyères. Und dann ging es nach Toulon, an den Rand der Stadt in die alte Familienvilla der Gourbiers, ohne jede Ankündigung. Helene war wie vom Blitz getroffen. Und der Großvater erst einmal. Johannes war auch da. Zum ersten Mal in seinem Leben sah Tobias seinen Vater.

Carola war überwältigt. Nein, hier wollte sie nicht mehr weg, jedenfalls nicht so bald. Auf jeden Fall bis das Kind da war, wollte sie bleiben und Tobias flog fleißig hin und her.

18. Wir haben noch nichts zu Carolas Familie gesagt. Vor dem Krieg waren die Lehnbachs alteingesessene, wohlhabende Schokoladenfabrikanten. Nach dem Einmarsch der Russen in Berlin wurde 1945 die komplette Inneneinrichtung ihrer Fabrik demontiert und ist als Reparationsleistung nach Russland gegangen. Die Lehnbachs selbst hatten die Demontage ihrer Maschinen beaufsichtigen müssen und waren zu deren Wiederaufbau mit nach Moskau geschickt worden. Ihr Leben hing damals an einem seidenen Faden, nämlich dem, dass dort auch alles funktionerte. Zu ihrem Glück war die Zusammenarbeit mit den russischen Technikern so gut, dass am Ende die Produktion erfolgreich anlaufen konnte. In dem kleinen Städtchen Barby an der Elbe erhielten sie dann die Erlaubnis, einen Zigarrenladen zu betreiben. Sie hatten bessere Zeiten erlebt. Immerhin, sie waren nicht als Kapitalisten nach Sibirien deportiert worden. Später nahmen sie die Lotto-Annahme dazu.

Das war Carolas Zuhause. Die ehrgeizigen Ziele ihrer Tochter mit Abitur und dann sogar Studium verfolgten die Eltern wohlwollend aber skeptisch. Dazu beitragen konnten sie nichts. Der einstige große Familiengeist war verraucht. Carola fuhr zwar hin und wieder nach Hause. Sie erstickte aber dort an der Enge. Kaum war sie angekommen, trieb es sie bald wieder weg. Ihr Zuhause suchte sie an der Uni, ohne dass sie dort mit großen Leistungen aufwarten konnte. Ein gesunder Menschenverstand war ihr gegeben. Vieleicht hatte sie ja auch bloß ein ungünstiges Fach gewählt. Beraten hatte sie keiner.

Aber nun waren die Dinge gelaufen, wie es schöner nicht hätte sein können. Alles kam so, wie sich Carola das vorgestellt und gewünscht hatte. Sie wurde immer dicker und immer dicker und dann wurde es ein kleiner Tobias, ein lebendiges Bündel Seligkeit. Frederique Tobias nannte sie ihn. Als Tobias den Jungen das erste Mal in seinen Armen hielt, dachte er, vor Glück verrückt zu werden. Die ganze Großfamilie war begeistert. Und der neue Erdenbürger sorgte dafür, dass die verschiedenen Welten, die hier aufeinander trafen, friedlich miteinander umgingen. Was sollte auch sonst der kleine Frederique von ihnen denken. Dachte der denn schon, oder war er der einzige, der hier überhaupt dachte.

Allein, es kam die Zeit, Abschied zu nehmen. Tobias hatte seine Verpflichtungen an der Uni und Carola wollte bei ihm sein. Und sie hatte ein Geschenk im Gepäck, einen kleinen Franzosen, den es offenbar in den Sozialismus zog, wohin denn auch sonst. Länger wollten sie dem Arbeiter- und Bauernstaat nicht fernbleiben, weil sie den ja so sehr liebten.

Eine wunderbare Zeit. Carola war auf der Universität eingeschrieben, aber von allen Verpflichtungen entbunden und sie war ausgefüllt mit ihrer Arbeit zu Hause. In jeder freien Minute lernte sie Französisch. Abends musste Tobias sie korrigieren und der Junior brabbelte eifrig mit. Tobias erfreute sich daran, wie schnell und wie gut seine Frau das Französische aufnahm und er dachte darüber nach, dass dies später einmal zu einem neuen Berufseinstieg für sie werden könnte. Das mit der Physik hatten sie ja nun erst einmal abgebogen, auf Zeit und die Frage würde sich neu stellen. Sie konnten ja nicht jedes Mal, wenn es um die Wiederaufnahme des Studiums ging, ein Kind in die Welt setzen.

19. Wann immer sie mit Tobias zusammen war, konnte Carola tief in seine Seele hineinsehen. Er, der als Schüler so manchen Wettkampf im Schwimmen gewonnen hatte, musste seinen grauenhaften Körper nun vor der Welt verbergen. Nur ein eiserner Wille hielt ihn zusammen. Scheinbar ganz nebenher zog sie Tobias mit zu einem Tanzabend. Eine Modenschau wurde da geboten. Da wolle sie hin.

Es fing auch ganz amüsant an, bis Carola immer häufiger mit einem der Modemacher zusammensaß. Anfangs gab Tobias nichts darauf, aber es verletzte ihn. Die will einen richtigen Mann mit einem Körper wie Elfenbein, arbeitete es in seinem Kopf, immer heftiger. Er packte sie am Arm und zog sie vor die Tür. Mit gebremster Kraft klebte er ihr eine. »Du bist frei, fuhr er sie an. Morgen reiche ich die Scheidung ein. Die Erziehung unseres Sohnes übernehme ich.« Carola wollte etwas erwidern. Er stieß sie weg und schlug schnurstracks den Weg nach Hause ein. Sie rannte aber hinterher und holte ihn ein, nahm seinen Kopf und flüsterte ihm etwas ins Ohr. Tobias blieb wie angewurzelt stehen. »Es ist so wunderbar, wie du mich liebst«, sagte Carola und nahm seine beiden Hände. »Damit du mir nicht noch einmal eine klebst.« »Vom anderen Ufer«, wiederholte Tobias gedehnt, was ihm Carola ins Ohr gesagt hatte und schüttelte dabei seinen Kopf. »Nein, wie konnte ich nur so dumm sein.« Einige Fenster gingen auf. Neugierige Köpfe reckten sich heraus und sahen sich um nach seinem schallenden Gelächter. »Und was hattet ihr so lange und so Wichtiges zu besprechen?« »Du wirst es bald sehen«, sagte Carola nur geheimnisvoll.

»Wir müssen mal wieder ein paar Tage nach Toulon fahren und ausspannen«, wechselte Carola das Thema. Das Sommersemester ging zu Ende und sie machten sich auf den Weg.

Bald nach ihrer Ankunft in Toulon zog es sie ans Meer und Carola schwamm ausgiebig, wohl wissend, wie Tobias leidet, weil er so, wie er aussah, unter keinen Umständen schwimmen gehen wollte. Dann schlenderten sie über die Uferpromenade. Wie zufällig zog ihn Carola zu einem Geschäft mit den neuesten Bademoden. Da sah er es dann. Der Sommerhit für Männer. Taucherlook, ein Badeanzug von Kopf bis Fuß. Nur Gesicht und Hände blieben frei. Es fiel ihm wie Schuppen von den Augen. »Dein Modefuzzi«, sagte er vor sich hin und nahm ihren Kopf in seine beiden Hände. »Du Schlange. Das war es also.« Sie gingen gleich rein und fanden was Passendes für ihn. Und nichts wie hin ans Meer. Dabei erzählte ihm Carola, dass ihr der Modemacher versprochen habe, dem Arbeiter- und Bauernstaat ein günstiges Angebot zu machen. Die müssen auch nicht in Devisen zahlen, sondern mit Urlaubsplätzen in Binz. Mit deinem exotischen Badeaufzug wirst Du also nicht allein sein. Die Genossen werden sich wie wild darauf stürzen.

»Siehst Du, Carola, ich habe gerade eine wichtige Erkenntnis gewonnen. Du kannst es hier genau sehen, dass die Erde eine Scheibe ist. Nur die Dicke kann man von hier aus nicht erkennen. Ich muss da gleich mal hin. Hoffentlich ist der Rand nicht zu scharfkantig, damit ich mich daran festhalten kann.« Und er stürzte sich in die Fluten und blieb fast drei Stunden weg, dass Carola schon angst und bange geworden war.

Zu Hause spülten sie das Salzwasser ab, hüllten

sich in ihre Badelaken und nahmen einen wärmenden Tee. Carola machte eine Schulter von Tobias frei, wo gleich die erste Brandstelle zum Vorschein kam. Es trieb ihr die Tränen in die Augen, die langsam auf die gefühllose Narbe fielen, bis zum Rand rollten und dann die gesunde Haut benetzten. Dabei durchströmte Tobias ein Wohlgefühl, wie es ein anderer wohl nie erleben wird. Es wurde ihr Lieblingsspiel. Tränen hatte sie für ihn genug, und er hatte genug Brandnarben.

20. Vor allem ging es aber um noch etwas. Tobias wusste, dass sich irgendwann, vielleicht in nicht zu ferner Zukunft bei ihm die Spätfolgen seiner Einsätze mit den Vietkong melden würden. Das Napalm würde auch seine Abwehr brechen und diese tödlichen Beulen treiben, wie er es schon so oft hatte mit ansehen müssen. Nun, dann brauchten sie wenigstens nicht mehr nach ihm als Terroristen zu fahnden. Er wird denen dann freiwillig in ihr Netz gehen, wenn es so weit ist und es wird so aussehen, als wären sie besonders raffiniert gewesen. Und dann soll ihnen ihre Anklage im Halse stecken bleiben. Sein geschundener Körper wird als Fanal um die Welt gehen.

Nein, er war sich nicht sicher, ob er das wirklich wollte. Nein, wegen des Jungen wollte er das nicht.

Unter Ausschluss der Öffentlichkeit werden sie ihn um Absolution anflehen. Da ist aber nichts zu vergeben, niemals. Das wäre Verrat. Verrat an der kleinen Li und ihren Geschwistern, die er so in sein Herz geschlossen hatte und die er so schrecklich hatte sterben sehen, Verrat an allen seinen Freunden dort unten. Er hätte sich nicht ausfliegen lassen dürfen, hätte ihr Leben teilen müssen. Aber nun hatte ihn Carola mit ihrer engelsgleichen Seele eingenommen.

Jetzt wusste er es. Er wird ein Zentrum für Vietnam gründen, ein Cité Vietnamienne. Und Carola wird ihm dabei helfen.

Der Junge wird immer selbständiger werden und Carola brauchte eine eigene Aufgabe, wenn sie einmal ohne ihn dastehen wird. Er muss sie darauf vorbereiten.

Auf jeden Fall wird er sie erst einmal mit dem Centre Culturel Français Unter den Linden bekannt machen.

Carola kam da gut an. Tobias hatte sie mit seinem ganzen Charme dort eingeführt und sie erweckte ein lebhaftes Interesse. Ihre Besuche dort waren besser als jeder Sprachkurs. Sie wurde bald freie Mitarbeiterin und ihre Kolleginnen und Kollegen überschlugen sich darin, sie in alle Feinheiten des Französischen einzuweihen. Tobias war damit sehr zufrieden und er konnte sich nun mit seinem Projekt beschäftigen, dem Cité Vietnamienne.

21. Beunruhigende Nachrichten erreichten ihn. Nach der Pariser Vietnamkonferenz, dem vereinbarten Waffenstillstand zwischen dem Norden und Süden und dem Rückzug der Amerikaner, hatte Nordvietnam den Süden militärisch überrollt und am 30. April 1975 zur Kapitulation gezwungen. Ganz Vietnam war eine Volksrepublik geworden.

Unter den jahrzehntelangen Gräuel des Krieges waren aber die Maßstäbe für ein Leben miteinander verkommen. Aus Vernunft war Verblendung, aus Recht war Rache geworden. Es kam im Süden zu schrecklichen Übergriffen, Millionen von Vietnamesen versuchten als sog. Boat people die gefährliche Flucht über das Meer. Tausende ertranken. Ob diese Wunden jemals verheilen?

Tobias wollte mit seinem Cité Vietnamienne ein Symbol setzen. Mehr konnte er nicht tun. Erst einmal sorgte er dafür, dass Studenten hergeholt wurden, mit denen er sich in seinem physikalischen Praktikum anfreundete. Seine Sprachkenntnisse verbarg er zunächst. Sie sollten uneingeschränkt Deutsch lernen. Nur manchmal erregte er Verwunderung, wenn er Dinge bemerkte, die sie eigentlich nur unter sich gesagt hatten.

Tobias geriet zunehmend ganz aus dem Häuschen, wenn er alte Kontakte wieder herstellen konnte. Und dann organisierte er an der Universität einen großen Vietnam-Abend. Zur Eröffnung waren alle im Auditorium Maximum versammelt. Tobias ging vor und hielt eine lange Begrüßungsansprache, in fließendem Vietnamesisch. So manchem fielen beinahe die Augen aus dem Kopf. Carola kam aus dem Staunen nicht heraus. Er rief sie zu sich, dass sie zu Hause für seine engeren Freunden einen netten Abend vorbereiten sollte. Die Einladung dazu verstreute er ganz nebenher.

22. Carola hatte sich große Mühe gegeben. Die untere Etage ihrer Wohnung war mit Blumen geschmückt. Getränke und ein kaltes Buffet standen bereit. Eine gedämpfte Hintergrundmusik vermittelte eine gemütliche Atmosphäre. Erinnerungen wurden ausgetauscht. Eine plaudernde Gesellschaft erfüllte den Raum.

Tobias hatte sich gespannt umgesehen, wer alles gekommen war. Dann sah er sie, Hoa Doan, seine vietnamesische Ärztin und Geliebte. Sie ging gleich auf ihn zu und küsste ihn leidenschaftlich. Das war kein Begrüßungsritual. Tobias war mit einem Schlag wie verwandelt. Seine europäische Gegenwart fiel von ihm ab, als wenn es sie nie gegeben hätte. Und er tauchte ein in seinen asiatischen Dschungel, in sein Leben voller Leid und Leidenschaften, Verderben und Vergessen. Die beiden versanken in ihre Welt, nahmen um sich herum bald nichts mehr wahr. Später wurden sie nicht mehr gesehen. Auch an den folgenden Tagen und Wochen nicht.

Es war ein sonnenverwöhnter Spätsommer. Tobias und Hoa waren kurz entschlossen an die See gefahren. In die Bucht von Binz zog es ihn, in den urigen, nördlichen Strandbereich. Hoa betastete seinen leidgeprüften, starken, männlichen Körper. Sie kannte jede einzelne seiner Narben, die unter ihren Händen zu sprechen anfingen. Sie hatte Tage und Nächte damit verbracht, die sich in ihn hineinfressenden Wunden zum Stillstand zu bringen, hatte an seinem Krankenlager gesessen, seine Hände in die ihren genommen und ihn angefleht, hatte gebetet, dass sein Herz nicht aufhören möge zu schlagen. Tobias, das war ihr Leben. Sie hatte sich so nach ihm gesehnt. Sie suchten den Schatten, damit sie sich endlich ganz nahe sein konnten.

Carola hatte auf der Party alles mit angesehen. Es traf sie, als wenn ein Schwert ihre Seele zerschlagen hätte. Sie gab eine schwere Migräne vor, ging nach oben und heulte das Kissen voll. War das nun das Ende ihrer wunderbaren Liebe zu Tobias. Hatte er deswegen das Cité Vietnamienne ins Leben gerufen, um seine alte, seine wahre Geliebte wiederzusehen. War sie nur die kleine dumme Aushilfe. Wollte er nun in sein richtiges Leben zurück, so perfekt, wie er diese Sprache beherrschte. Warum wusste sie nichts. Sie waren doch immer offen und ehrlich miteinander gewesen. Und nun kommt diese Frau und macht alles kaputt. War er mit dieser Vietnamesin auch verheiratet. Führte er ein Doppelleben. Bedeutete sie ihm denn nichts. Nicht einmal vorgestellt hatte er sie dieser Frau.

Nichts von alledem war wahr. Tobias liebte seine Hoa und war mit ihr glücklich. Das hatte aber mit Carola nichts zu tun. Carola war sein Engel. Er liebte sie mit jeder Faser seines lebendigen Daseins. Er brauchte ihr sanftes Wesen, ihre Seele. Mit einer magischen Kraft zog es ihn zu ihr hin.

Und wie er dann wieder vor ihr stand, sah sie ihn nur groß an. Sie nahm begierig die Gegenwart seines wunderbaren Körpers in sich auf und trommelte mit beiden Fäusten gegen seine Brust. »Hoa, sagte er, das ist die eine Welt, die Welt, in der wir durch Sumpf und Feuer gegangen sind, die uns für immer aneinandergeschweißt hat.

Durch Hitze und Kälte, Staub und Steine, Hunger und Durst, Himmel und Hölle. Aber Du, Carola, Du bist meine unendliche Glückseligkeit, das wunderbare Leben.« Carola atmete seine Nähe. Sie spürte dass dies alles so war, wie er es sagte und dass sie es nur nicht begreifen konnte. Ob es Hoa begreift, wenn er nun hier bei ihr war. Diese beiden Welten, die von Hoa und ihre, waren etwas so Verschiedenes. Da war nichts, was sich in die Quere kommen, sich widersprechen konnte. Nur Tobias, er hatte diese beiden Welten in seiner Brust vereint. Er war der Berührungspunkt für beide. Die eine war in seine Wiege gelegt worden und die andere in ihn eingebrannt. »Carola«, sagte er, »Hoa ist meine Flamme und Du bist mein Engel.« »Und Du bist mein Teufel«, sagte sie und zog ihn sanft zu sich heran.

23. Aus Toulon kamen schlechte Nachrichten. Die Ärzte bedeuteten Tobias, dass der alte Gourbier nicht mehr lange leben würde. Er wollte seinen Enkel noch einmal sehen und mit ihm seinen Frieden machen, er, der mit der Ausplünderung Indochinas so viel Schuld auf sich geladen und Tobias, der sein Leben für die Vertreibung der Amerikaner aus Vietnam aufs Spiel gesetzt hatte.

Bevor er abreisen konnte, musste Tobias noch sein Cité Vietnamienne mit Leben erfüllen. Mit Hochdruck trieb er die Aktivitäten voran. Er hatte genug Vertraute, die das hier nach seinen Anweisungen in die Hände nehmen konnten, Begegnung, Sprache, Bildung, Versöhnung.

Viel schwieriger aber war es mit seinen beiden Frauen. Carola war in das französische Kulturzentrum eingebunden. Hoa beherrschte diese Sprache perfekt. Das musste sie zusammenbringen.

Tobias gelang es, in Pankow eine alte, verlassene Villa anzumieten. Da sollten beide einziehen und sich gegenseitig und ihn verstehen lernen. Carola wollte nicht und Hoa Doan wollte auch nicht. In der 'Letzten Instanz' brachte er sie zusammen. Sie sprachen französisch. Tobias erzählte, wie ihn Hoa da unten halb verbrannt unter Geschützfeuer aus dem Schlamm gezerrt und wie ihn Carola ins Leben zurückgeholt hatte. Das Eis war gebrochen. Die beiden Frauen waren ein wenig neugierig aufeinander geworden und wollten nun den Versuch wagen, in der Pankower Villa gemeinsam zu leben.

Aus Toulon mahnten die Ärzte, wenn Tobias seinen Großvater noch einmal sehen wolle, müsse er sich beeilen. Richtet doch bitte auch für Frederique ein Zimmer ein, sagte Tobias noch, damit er auf euch aufpassen kann und reiste ab, mit den alten Vorsichtsmaßnahmen über die Bösebrücke nach Tegel, mit der Air France nach Toulon-Hyères. Vom Flughafen nahm er ein Taxi in die alte Familienvilla.

Keiner von der Familie hatte es geschafft, rechtzeitig da zu sein. Dem alten Gourbier war eine innere Seligkeit anzusehen, als er Tobias sah. »Ich bin so stolz auf dich«, sagte er. Tobias setzte sich an sein Bett, nahm seine Hand und erzählte, was er für eine wunderbare Kindheit bei ihm gehabt hatte, was ihn für sein ganzes Leben mit so viel Kraft ausgestattet habe. Am Abend schloss der Großvater für immer seine Augen.

Tobias hatte den Ärzten nicht glauben wollen. Großvater war immer so stark gewesen. Dass es nun so schnell gehen würde, hatte er nicht für möglich gehalten. Aber mit diesem einen, letzten Satz hatten sie sich versöhnt. Tobias war auch stolz auf seinen Großvater. Trotz allem.

Nun ging es um eine würdige Beisetzung. Er telefonierte mit Carola und Hoa. Sie waren aufrichtig bestürzt und würden selbstverständlich kommen und Frederique mitbringen. Nur für Hoa war es nicht so einfach, eine Reiseerlaubnis zu erhalten. Aber Tobias legte sein Cité Vietnamienne in die Waagschale und sie durfte kommen.

Aus seinen Telefonaten gewann Tobias den Eindruck, dass die beiden Frauen einvernehmlich miteinander umgingen. Das hatte er gar nicht zu hoffen gewagt. Er sehnte sich nach ihnen, gerade jetzt, wo er den geliebten Großvater verloren hatte. Er brannte darauf, sie endlich wiederzusehen. Sein Herz raste. In seinem Kopf nahm er es ständig vorweg, wie sie in Hyères landen werden und er sie abholt und sie in seine eiserne Umarmung einschließen wird, alle beide und der Junior mittendrin. Wer hat diese Welt nur so schön gemacht, trotz allem. Tobias war ganz aufgekratzt.

Endlich war es so weit und alles lief so, wie er sich das ausgemalt hatte. Tobias hatte den

Eindruck, als wenn die beiden manchmal die Köpfe zusammensteckten und tuschelten, wenn sie glaubten, dass er es nicht bemerk. Ihm war es recht. Nichts fand er schrecklicher, als wenn Frauen wie die Furien aufeinander losgehen.

24. Die Kirche war bis auf den letzten Platz besetzt. Alles, was Rang und Namen hatte, war hier anwesend, Vertreter von Stadt und Gemeinde waren gekommen. Die Seeschifffahrtsgesellschaft hatte es sich nicht nehmen lassen, hochrangig vertreten zu sein, viele Kapitäne und Kaufleute, Vertreter anderer, befreundeter Gewerke, alle wollten sie Gourbier die letzte Ehre erweisen, da sie ihn als einen ehrenwerten und makellosen Kaufmann schätzten. Viele der Trauergäste mussten stehen. François Gourbier war eine Instanz. Tobias staunte doch ein wenig, wie weit es sein Großvater gebracht hatte.

Ganz vorne die Familie und Großvaters Angestellte. Keiner fehlte. Sogar die Lehnbachs aus Barby hatten eine Sondergenehmigung erhalten und waren gekommen.

Tobias hatte dem Pfarrer den Text gegeben, nach dem er seine Rede ausrichten sollte:

Das Leben lebt vom Tod.
Der freilich mag es sehr.
Die Liebe allein webt darüber
ein närrisches Wehr.[5]

---

[5] Aus »Alles nur Gedichte«, Rela Ferenz, united p. c. Verlag 2013.

Besonders der letzte Gruß am Grab war eine tränenreiche Angelegenheit. Schwer zu ertragen danach die Bewirtung der Gäste. Aber es musste sein. Die ganze Zeremonie hatte Tobias sehr früh am Tage angesetzt, so dass die Familie den Abend für sich hatte.

»Du hast mir noch gar nicht die reizende junge Dame an Deiner Seite vorgestellt«, sagte Helene zu ihrem Sohn, als Tobias mit Carola und Hoa zusammenstand.

»Oh, meine langjährige Geliebte Hoa Doan aus Hanoi. Als sie damals Großvaters Flotte versenkt hat, habe ich sie geheiratet.« Carola übersetzte für Hoa ins Französische. Hoa widersprach heftig in ihrer Heimatsprache und dann noch einmal auf Französisch. »Das ist nicht der Tag, um Witze zu machen«, rügte Helene ihren Sohn und wandte sich ab. Sie kam einfach nicht mit ihm zurande.

»Ich habe zwei Frauen«, jubelte Tobias, »ich habe zwei Frauen«. Er nahm sie beide fest in die Arme, »einen Engel und eine Flamme. Ihr seid mein Eigentum und ich bete Euch an, alle beide. Hört Ihr, meine Seele ist in dieser Welt halb verkohlt und zerrissen und nur ihr könnt sie wieder zusammenflicken. Das Nähzeug müsst ihr immer dabei haben. Der Riss ist so schrecklich. Die Nähte gehen immer wieder auf. Die Wunden klaffen dann auseinander und ich verblute, wenn Ihr nicht sofort da seid. Carola und Hoa, Ihr müsst mich immer wieder retten.« Er nahm ihrer beider Hände, drückte sie fest an sein Gesicht und küsste sie. Es waren aber auch Tränen dabei.

Tobias Stimmung wurde immer besser und er steckte die anderen damit an. Der Druck des Tages brauchte einen Ausgleich. Es dauerte nicht lange und die Gesellschaft glich eher einem Polterabend als einer Trauergemeinde. Der Großvater hätte seinen Spaß gehabt, dachte Tobias bei sich. Der verstand was vom Leben, wo er so weit herumgekommen war. Etwas verwunderte es ihn aber doch, wie einvernehmlich die beiden Frauen miteinander umgingen und sich ständig was zu erzählen hatten. Das hätte er nicht für möglich gehalten. Auch Frederique gesellte sich manchmal dazu und Hoa war ganz reizend zu ihm. Dieser herzliche Umgang, das macht den Vietnamesen so schnell keiner nach.

»Sag Du doch mal was zu Deinem Sohn«, versuchte Helene nun über Johannes etwas über Tobias herauszukriegen. »Erst diese Carola aus dem Zigarrenladen und nun so eine Vietnamesin. Da sieht doch keiner mehr durch.«

Johannes ließ sich nicht lange bitten. Der Charme dieser Frauen hatte es ihm ohnehin schon lange angetan. »Mein lieber Sohn«, ging er hin, »und meine reizende Schwiegertochter«, sagte er zu Carola. »Da habt ihr mit diesem zauberhaften Geschöpf doch bestimmt an mich gedacht?«, wandte er sich in gutem Französisch nun an Hoa.

»Tobias hat uns gerade auseinandergesetzt, dass wir beide sein Privateigentum sind«, lachte sie. »Und Privateigentum genießt ja hier im Westen den allergrößten Schutz. Trotz Ihrer glänzenden Erscheinung kann ich da leider nichts für

Sie tun.« Sie fühlten sich alle vier sehr wohl bei dieser Plauderei. Aber Johannes kam schließlich mit leeren Händen zu Helene zurück. Er hatte sich nur gut amüsiert.

25. Was den Nachlass betraf, waren die Verhältnisse eigentlich klar, da François Gourbier nur eine Tochter hatte, Helene. Es gab aber ein Testament. Und hierin verfügte er, dass Florence, Suzanne und Jeanne, die Frauen, die sich um ihn während seiner Jahre im Rollstuhl so aufopfernd gekümmert hatten, eine ansehnliche Rente bekamen.

Auch Helene erhielt eine monatliche Pension, eine stattliche Summe, muss man schon sagen, aber kein Vermögen. Großvater wollte verhindern, dass sein leichtsinniger Schwiegersohn Johannes in Versuchung geführt wird. Das eigentliche Vermögen, Grundbesitz und diverse Bankguthaben überschrieb er seinem Enkel Tobias. »Ich habe etwas wieder gutzumachen«, hatte er einen Kommentar dazu geschrieben.

Tobias erhielt auch die uneingeschränkte Vollmacht, alle Formalitäten zu erledigen. Er bewog zunächst Florence, Suzanne und Jeanne im Haus wohnen zu bleiben und dafür alles in Ordnung zu halten.

»Ihr könnt Euch doch hier ein wenig einrichten«, ermunterte er Carola und Hoa, noch zu bleiben. »Ich muss nach Berlin.« Den beiden war es recht, auch dass er in der Nacht vor seiner Abreise noch einmal nach dem Rechten sah, wie er es nannte. Damit es ihnen an nichts fehlt.

Carola und Hoa hatten sich beide in den ent-
gegengesetzten Flügeln des Hauses einen abge-
schlossenen Wohnbereich eingerichtet und sie
freuten sich immer auf die gegenseitigen Besuche,
wo dann die eine die andere verwöhnte. Ganz
oben, unterm Dach hatte sich Frederique sein
Refugium geschaffen, um jeden Angreifer recht-
zeitig wahrzunehmen und in die Flucht zu
schlagen. Tobias konnte sicher sein, dass er bei
Carola und Hoa in den besten Händen war.
»Nun sag, Carola«, begann Hoa, als Tobias weg
war, »wollen wir nun zwei kleine Franzosen
oder zwei Germanen in diese Welt setzen. Ich
habe auch nichts gegen Germanen.« »Meinst Du
nun die Ostgoten oder die Westgoten?«, fragte
Carola
nach. »Ich möchte eigentlich nicht eines schö-
nen Tages in einer Sowjetrepublik leben − bei
aller Liebe zum großen Bruder. Bleiben wir also
lieber bei den Franzmännern.«

26. Helene war nun allein. In dem Haus ihres
Vaters konnte und wollte sie nicht bleiben. Aber
sie war ja mit Johannes verheiratet. Wie hatte
er gesagt, »alles, was Du willst.« Und zur See
fuhr er auch nicht mehr.
Wie er sich gleich in diese Hoa Doan vergafft
hatte. Sie musste auf ihn aufpassen. Und sie
wusste immer noch nicht, wie Tobias zu dieser
Hoa Doan steht. Sie fuhr hin, unangemeldet, in
seine Lübecker Wohnung, in die er sich als Pen-
sionär zurückgezogen hatte, prachtvoll gelegen,
viel zu groß, viel zu komfortabel, viel zu teuer.
Johannes konnte seine Freude schwer verbergen,

als er sie vor seiner Tür stehen sah, da es um ihn einsam zu werden begann.

»Du kannst bleiben«, sah er ihre Frage voraus. »Hat Dich der Alte billig abgespeist. Das habe ich mir gedacht. Nun, Platz ist in der kleinsten Hütte. Ich werde Dich schon mit durchfüttern, wenn Du schön fleißig bist und alles schön sauber machst und die Garderobe in Ordnung hältst und einkaufen gehst und kochst und flickst und nähst.« Er nahm sie in den Arm und lachte. »Du warst doch meine ganz große Liebe, Helene, meine einzige große Liebe. Und bist es noch«, fügte er leise hinzu. »Schön, dass Du gekommen bist und drückte sie noch fester an sich.« Sie flüsterte ihm ihre Monatsrente ins Ohr.

»Potztausend, Helene«, platzte es aus ihm heraus. »Dann gehören wir ja hier auf einen Schlag zur feinen Gesellschaft. Und Du bist die First Lady. Wir nehmen uns zwei Angestellte, erst einmal. In der Lübecker Hautevolee werden sie sich die Mäuler zerreißen. Nur heute Abend, da will ich den Sekt noch einmal alleine servieren.« Und sie feierten bis tief in den Zauber einer unvergesslichen Nacht.

Als Helene am nächsten Morgen aufstand, hatte Johannes schon das Frühstück bereitet und er saß da in seiner alten Kapitänsuniform. Sie strahlte. »Wir müssen ordentlich Kaffee trinken, Johannes. Das soll dem Alzheimer entgegenwirken. Wir wollen doch noch lange mitmischen.« »So viel und so stark Du willst.« »Weißt Du, Johannes, Du bist doch gar kein richtiger Seemann. Deine Uniform war doch nur Tarnung, damit Du unbemerkt für den BND arbeiten konntest.« Pst, sagte er. »Das darf doch keiner wissen, Du auch nicht. Ich bin immer noch eingebunden. Da kommt man nicht so leicht von weg.« »Umso besser«, sagte Helene. »Da kannst Du ja alles über unseren Sohn herausfinden und über Carola und diese Hoa Doan. Ich möchte endlich mal wissen, was da eigentlich los ist.« Johannes war mit dieser Aufgabe sehr zufrieden und zog schon bald seine Fäden. Die Ergebnisse seiner Nachforschungen dokumentierte er sorgfältig in einem Tagebuch, in das Helene uneingeschränkt einsehen konnte. Dieses Tagebuch wurde auch die Quelle für etliche Einzelheiten in dieser Erzählung, an die ich sonst gar nicht herangekommen wäre.

27. Tobias war in Berlin ganz mit seinem Cité Vietnamienne ausgefüllt. Die Frauen würden wahrscheinlich dort unten bleiben. So jedenfalls hörte sich das am Telefon an. Für Hoas Visum erreichte Tobias eine unbegrenzte Verlängerung. Er solle nur recht bald mal herkommen, sie wollten ihm viel Freude bereiten, hatten sie ihm geheimnisvoll am Telefon bedeutet.
Nun, Toulon konnte warten. Hier kaufte er erst einmal die in Pankow angemietete Villa mit dem Grundstück. Geld genug hatte er ja nun. Dazu veranlasste er großzügige Umbauungen im vietnamesischen Stil mit den geschwungenen Dächern. Viel Werbung brauchte es nicht. In seinem Cité Vietnamienne herrschte bald ein reges Treiben. Um eine wirtschaftliche Unabhängigkeit zu erreichen, richtete er große Räume

her, die mit allen Utensilien zum Knüpfen und Weben von Teppichen ausgestattet waren, die er aus einer alten, stillgelegten Weberei gekauft hatte. In diesen Werkstätten wurde emsig gearbeitet Die Schiffchen sausten hin und her. Die geknüpften Fäden flogen unter dem Druck der Kämme in die Muster. Regelmäßig musste Tobias nach Westberlin, um Ersatzmaterial zu beschaffen, Farben, Wolle, Kettgarn.

Das reichte ihm aber nicht. Es gelang ihm, eine Chorleiterin zu finden, die ein vietnamesisches Kinderlied einstudierte:

Con C ō Be Bé

Con Cō Be Bé
Nó Ðâu Cānh Tre
Ði Không hởi mẹ
Biết Ði Ðữơng Nao
Khi Ði Em Hởi
Khi Vê⁻ Em chāo
Miêng Em chúm chím
Me yêu Không Nāo.

Tobias übersetzte das für uns so:[6]

Der kleine Storch

Der kleine Storch
sitzt auf einem Bambuszweig.
Als er weggeflogen ist,
hat er die Mama nicht nach dem Weg gefragt.
Wenn ich gehe, frage ich.
Wenn ich komme, grüße ich.
Ich lächle,
Hast Du mich lieb, Mama?

---

[6]Übersetzung ins Deutsche durch Translated S.R.L.

Wenn dann die vertrauten Töne aus den kleinen
Kehlen zu ihm drangen, war er zu Tränen gerührt.
Er liebte diese Menschen über alles. Sie hatten
seine Seele eingenommen.
Und noch eins musste er auf die Beine stellen,
das Revolutionslied der Vietkong.

Hò Kéo Pháo[7]

Hò dô ta nāo! kéo pháo ta vu'o't qua đeò.
Hò dô ta nāo! kéo pháo ta vu'o't qua núi.
Dõc núi cao cao nhung lòng quyêt tâm
còn cao ho'n núi
Vuc sâu thăm thăm, vuc naò sàu băng
chi căm thù.

Hò dô ta nāo! kéo pháo ta vu'o't qua đeò.
Hò dô ta nāo! kéo pháo ta vu'o't qua núi.
Gà rùng gáy trên nu'o'ng rõi dãn bu'ô'c ta
di lên nào.
Kéo pháo ta sang đeò tru'ô'c khi tròi húng sáng.

Săp tói nói cón môt đot nũa thôi.
Vai uót đâm su'óng đêm cûng mõ hôi.
Tói đich rõi đồng chi pháo binh di.
Vinh quang thay súc nguò dôi lao đông.
Hò dô ta pháo ta vu'o' đeò.
Lòng quyêt tâm săt gang nâo băng. Hò dô...

Den deutschen Text hatte mir Tobias später so
erklärt:[8]

---

[7]Verfasser ist der vietnamesische Dichter Hoàng Vân.
[8]Übersetzung ins Deutsche durch Translated S.R.L.

Marschlied der Artillerie

Uff, uff! Lasst uns die Artillerie über den
Pass ziehen.
Uff, uff! Lasst uns die Artillerie über den
Berg ziehen.
Der Berghang ist steil, aber die Entschlossenheit
ist größer als die Berge.
Die Schlucht ist tief, aber keine Schlucht
ist größer als der Hass.

Uff, uff! Lasst uns die Artillerie über den
Pass ziehen.
Uff, uff! Lasst uns die Artillerie über den
Berg ziehen.
Der schwarze Hahn kräht schon auf den
Hochland-Feldern, schneller, schneller.
Lasst uns die Artillerie über den
Pass ziehen, bevor die Sonne untergeht.

Wir sind bald da, nur noch ein kurzes Weilchen.
Unsere Schultern sind nass von Tau und Schweiß.
Wir sind bald am Ziel, Kameraden der Artillerie.
Wie glorreich ist des Menschen Leben in Arbeit.
Uff, uff, unsere Artillerie hat den Pass überquert.
Kein Stahl und kein Eisen sind hart wie die
Entschlossenheit. Uff, uff...

Am 30. April, dem Jahrestag der finalen Kapi-
tulation Südvietnams, kam es zur Aufführung.
Das hatte Tobias aber nicht bedacht. Nachdem
der Chor eingesetzt hatte, überflutete ihn eine
Erregung, der er nicht Herr wurde. Hastig über-
gab er die Leitung der Gedenkfeier einem seiner

Vertrauten, verließ unter einem Vorwand die Veranstaltung und stürzte nach Hause. Dort holte er seinen alten verschlissenen Drillichanzug hervor, in den er seine Waffe eingewickelt hatte, geladen und entsichert. Der ganze Krieg war wieder da. War der nicht zu Ende. Der war nie zu Ende. Tobias stand im Dschungel. Über ihm die Bomber mit ihrer tödlichen Ladung. Sind die nicht abgezogen. Die haben nur ihren Stützpunkt gewechselt und warten irgendwo auf ihren Einsatz, wenn wir sie nicht abschießen. Er griff nach seiner Waffe. In seinem Gehirn arbeitete es, er müsse zur Besinnung kommen. Er feuerte die Waffe ab und schoss in seinen schwarz verbrannten Fuß. Die Kugel drang durch. Es war die Stelle mit der Salzsäure. Es blutete nicht einmal richtig. »Carola«, sagte er abwesend. Das ist nun lange her. Er war weit weg. Ob er sie wohl wiedersehen würde, ging es ihm durch den Kopf. Tobias brauchte lange, um wieder in die Gegenwart zurückzufinden.

28. Wie immer, begegnete ich Tobias gelegentlich im Praktikumsraum. Er bereitete für die Studenten die Versuche vor und machte seine Leistungskontrollen, gefürchtet wie eh und je. Er kam mir verändert vor, ohne dass ich sagen konnte, was es war. Er hielt sich eigentlich nur noch in seinem Labor auf, als wenn er dort wohnen würde. Unentwegt bastelte er an irgendwelchen Geräten und Schaltungen.
Wir erwarteten eine chinesische Wissenschaftsdelegation. Vielleicht konnte ich ihn da aus der Reserve locken. Und richtig. Ich hatte mit den

Chinesen kaum sein Labor betreten, ohne ihn vorher davon in Kenntnis gesetzt zu haben, gleich wusste Tobias die Damen und Herren einzuordnen und begrüßte sie in fließendem Chinesisch, als wenn er sie schon lange erwartet hätte. Da war ich abgemeldet. Stundenlang hatten sie miteinander offensichtlich wichtige Dinge zu besprechen. Der ganze Zeitplan geriet durcheinander. Sie vereinbarten weitere Treffen. Am Ende wurde im Protokoll festgehalten, dass Tobias zu einem Gegenbesuch nach Peking kommen sollte. Worum es bei ihren Besprechungen eigentlich ging, war aus den verklausulierten Formulierungen nicht herauszulesen.

Tobias war nun vollkommen verändert, aber ganz anders als bisher. Seine Augen versprühten einen Glanz, wie ich es bei ihm noch nie gesehen hatte. Mit den Studenten ging er fast nachsichtig um. Es war ihm nicht so wichtig. Offensichtlich fieberte er seinem Chinabesuch entgegen. Alles, was hinter ihm lag, hatte er offensichtlich weit weggeschoben.

Carola hatte mich schon mehrmals angerufen und sich beschwert, dass sich Tobias nicht meldet und an kein Telefon geht. Was denn da los sei. Sie machten sich Sorgen. »Tobias ist in eine andere Welt eingetaucht«, versuchte ich zu erklären. »Er plant irgendetwas mit den Chinesen, ist wie besessen und wird bald nach Peking fahren.« Ich versuchte, sie zu beruhigen. »Es würde mich nicht wundern, wenn er sehr lange wegbleibt«, äußerte ich vorsichtig. ›Der hat einen Dachschaden‹, behielt ich für mich.

29. In Toulon lebte inzwischen eine andere Welt. Die beiden Damen wurden immer dicker und empfanden in ihrer Erwartung ein tiefes Glück. Zu gerne hätten sie natürlich Tobias dabei gehabt. Was sie da von mir aus Berlin gehört hatten, schmerzte sie empfindlich. Es war wie ein Stich ins Herz. Sie mussten aber einsehen, dass es jetzt keinen Sinn machte, sich dagegen aufzulehnen. Sie würden ja bald von ihm entschädigt werden. Einen neuen Tobias sollten sie beide kriegen, jede ihren eigenen. Drei kleine Männer hatten sie dann und doch fehlte ihnen der eine.

Beide haben sie am selben Tag entbunden, zwei Bilderbuchgeburten, zu Hause. Florence, Suzanne und Jeanne erwiesen sich als perfekte Hebammen. Hoa nannte ihren Winzling Fabian Tobias. Ein Felix Tobias wurde es bei Carola. Das war ein Glück und ein Treiben. Sie würden ohne Tobias zurechtkommen, zurechtkommen müssen. Schön dumm, dass er sich das entgehen lässt. Finanziell abgesichert waren sie, zum Glück.

30. »Jetzt kriegen wir sie. Jetzt kriegen wir sie«, jubelte Tobias in allen Sprachen, die er beherrschte. Und das waren nicht wenige. Zum Glück auch auf Deutsch, sonst hätte ich ihn gar nicht verstanden. Nichtsdestoweniger blieb mir verborgen, was er damit meinte.

In seinem Cité Vietnamienne ließ er im Foyer eine Vitrine aufstellen, wo die alte Waffe von seinen Einsätzen bei den Vietkong zu sehen war. Wenn ich da vorbeikam, konnte ich gelegentlich beobachten, wie einige davor verharrten und sich verneigten. Tobias war hier eine Instanz und wurde fast wie ein Heiliger verehrt.

Der Tag seiner Abreise nach China rückte näher. Er erlaubte mir, mit nach Schönefeld zu kommen. Eine Maschine der Air France oder ein chinesisches Flugzeug war seine Bedingung gewesen. Ob ich ihn jemals wiedersehen würde. Wohin er flog und was er eigentlich machen wollte oder sollte, ich wusste nichts und vermied auch jede neugierige Frage. Nur das Gefühl versuchte ich ihm mit auf den Weg zu geben, dass er hier jederzeit und ohne jedes Wenn und Aber wieder willkommen ist. Eine nahtlose Weiterführung des physikalischen Praktikums hatte er mit sorgfältigen Instruktionen zur Ausbildung der Studenten mit einem Assistenten abgesprochen. Ich hoffte, dass es ihn eines Tages wieder dorthin ziehen würde,

« Denn aus Gemeinem ist der Mensch gemacht,
Und die Gewohnheit nennt er seine Amme.«[9]

Damit versuchte ich auch, die beiden Frauen in Toulon zu trösten.

31. Zehn Jahre lang hörten wir nichts von Tobias. Zehn unendlich lange Jahre, als wenn es ihn nie gegeben hätte. Dann ging diese Meldung durch die Medien:[10] «Mit einer bemannten Rakete auf dem Weg zum Mars katapultieren sich die

---

[9] Aus Wallensteins Monolog im 1. Akt von Friedrich Schiller's »Wallensteins Tod«.

[10] Der hier gegebene Bericht ist keine Wiedergabe der wirklichen chinesischen Aktivitäten in der Weltraumfahrt.

Chinesen an die Weltspitze in der Raumfahrt. Europäer und Amerikaner hinken hoffnungslos hinterher.« Dieser letzte Satz war es, dass es mir wie Schuppen von den Augen fiel. »Jetzt kriegen wir sie. Jetzt kriegen wir sie«, hatte Tobias damals gejubelt. Militärisch war den Amerikanern nicht beizukommen. Aber nun waren sie gedümpelt und blamiert, vor aller Welt. Zu diesem Zweck hatte Tobias sein ganzes Können den Chinesen zur Verfügung gestellt und zu dieser Mission beigetragen. Ein kleines Rädchen im Getriebe, aber er war dabei gewesen. Die Rakete umrundete unseren Nachbarplaneten und landete am Ende sicher auf dem Kosmodrom Jiuquan im Norden Chinas. Tobias erfüllte eine unendliche Genugtuung. Er legte vorsichtig seine rechte Hand auf die Brandnarbe unter dem linken Schlüsselbein. Die meldete sich nun manchmal. Das erste Mal seit vielen Jahren dachte er wieder an Carola und Hoa.

Als ich an einem Freitag, es war im Oktober 1991, spät am Abend nur noch in den Praktikumsräumen das Licht ausmachen wollte, was der Assistent offenbar vergessen hatte, traute ich meinen Augen nicht. Da stand Tobias mit seinen Spulen, Kondensatoren, Schalttafeln, diversen Schnüren und dgl., als wenn er nie weggewesen wäre. »Für morgen früh habe ich mir zwei Studenten zu einer Leistungskontrolle bestellt«, begrüßte er mich. Da lagen wir uns denn doch in den Armen. Das konnte er nicht abwenden.

Und jetzt rufen wir in Toulon an. Ich nahm

das Telefon. Privatgespräche waren neuerdings aus Haushaltsgründen streng untersagt. »Carola Triebel«, meldete sich die mir vertraute Stimme. Im Hintergrund Kinderspektakel. Ich gab den Hörer an Tobias, sagte »tschüss« und ging nach Hause.

Den kommenden Tag fünf Uhr früh. Sturmklingeln, dass ich fast aus dem Bett fiel. Wütend ging ich zur Tür. Da standen sie alle fünf, Carola, Hoa, Frederique, Felix und Fabian. »Wo hast du ihn versteckt?«, bedrohten sie mich mit erhobenen Knüppeln, »und frühstücken wollen wir.« Ich schickte die Frauen in die Küche und ging zum Bäcker direkt in die Backstube, wegen eines besonderen Anlasses, erklärte ich. Bei glänzender Laune versammelten wir uns am Tisch.

»Und nun?«, fragte ich in die Runde. »Ich gehe in das Cité Vietnamienne«, sagte Hoa. Da hatte sich Tobias eine große Wohnung eingerichtet. »Ich gehe erst einmal ins Praktikum«, entschied Carola. »Schließlich bin ich seine physikalische Assistentin und muss nach dem Rechten sehen. Und die Jugend bleibt hier.« So machten wir es. Die beiden Frauen waren nun wie vom Erdboden verschluckt und kamen erst nach drei Tagen wieder. Ich hatte inzwischen mit den Buben meinen Spaß.

Und dann kam auch Tobias. Ein riesiges Paket hatte er unter dem Arm. Das legte er ab und nahm erst einmal seine Jungen in die Arme, alle drei auf einmal, warf sie nacheinander in die Luft und fing sie wieder auf, auch seinen großen, Frederique, der immerhin schon zwanzig war.

Alle drei waren auf Anhieb von ihrem Vater begeistert. Und der packte nun aus. Eine elektrische Eisenbahn. Das ist für jeden etwas. In meinem sog. Salonzimmer machte ich Platz und los ging es. Nach einer Stunde war eine Strecke fertig in zwei Etagen mit Kreuzungen, Bahnübergängen, Signalen, kurzum mit allem Drum und Dran. Die NN-Spur, die er gewählt hatte, gab auf relativ kleinem Raum ein verwirrendes Schienennetz her. Die Züge rollten kreuz und quer. Frederique verstand es, Fabian und Felix einzubinden. Wir konnten uns in aller Ruhe zurückziehen.

32. Die Zeit hatte ihre Spuren hinterlassen. Vorgestern waren die großen Feiern zum Tag der Deutschen Einheit. Verrückt. Und morgen ist der 7. Oktober ging es Carola durch den Kopf. Der Tag der Republik. Das war doch was, mit den Genossen. Sie hatte immer ihren Heidenspaß an denen gehabt. Dieser Walter Ulbricht war doch ein Geschenk des Himmels und Erich Honecker nicht minder, erst sein Vize und dann sein Meister. Nein. Solche Figuren muss erst einmal einer erfinden. Geht gar nicht. Die sind einmalig. Unikate. Durch nichts zu ersetzen. Und nun sind sie weg.
Tobias stand der neuen Entwicklung zwiespältig gegenüber. Er war einfach mit seinen alten Schlüsseln ins Labor gegangen und konnte dort nun schalten und walten, wie er wollte, als wenn nichts gewesen wäre. »Hatte Thomas hier das große Sagen?«, ging es ihm durch den Kopf. Es war aber nur so, dass massenhaft die besten

Kräfte in den Westen abgedriftet waren und die Uni händeringend nach solchen Leuten wie ihn suchte. Tobias war es recht. Er hatte es jetzt sogar leichter und brauchte nicht mehr über die Bösebrücke, um Kupferdraht und Messingschrauben heranzuschaffen. Und das chemische Praktikum bekam er auch wieder.

Ganz in Gedanken ging er zu dem Platz, wo ihm damals Carola die Säure auf den Schuh gekippt hatte. Er traute seinen Augen nicht. Da saß ja Frederique. Er habe sich entschlossen, hier in Berlin zu studieren, erklärte er. »Recht so, mein Sohn, aber pass auf mit der Säure.« Frederique verstand nicht, musste er auch nicht. Das ging nur sie Drei an, Carola, Hoa und ihn. Ob sie wirklich hexen konnten. Das geht doch gar nicht. Sie hatten ihn mit seinen grauenhaften Brandmalen mit einem unbeschreiblichen Glück überflutet, jede auf ihre Weise. Er wird Carola und Hoa je einen Besen mitbringen. Zwei goldene Besen zum Anstecken erstand er bei einem Juwelier. Doch dann hielt er inne. Wenn sie die Hexen sind, ist er der Teufel, mit einem bösen Fuß. Das Schicksal hatte ihn ein. Die Gesundheitsprüfung fiel ihm ein, für Universitätsangestellte, die er wieder hatte liegen lassen.

33. Es klingelte. Ich erwartete eigentlich gar keinen Besuch. Ein mit rotem Leder ausgeschlagener A8 stand vor der Tür. Ich öffnete. »Fritz und Barbara Lehnbach«, stellten sie sich vor. »Wir wollten zu unserer Tochter Carola.« Jetzt verstand ich.

Die Lehnbachs hatten eigentlich nur einen kleinen Zigarrenladen, Zigaretten, Tabak und Zubehör. Und die Tippscheine nahmen sie an, um Kunden heranzuholen. Aber viel warf das alles nicht ab. Nach der Wende fing das Geschäft an zu florieren. Fritz schaffte alles heran, was er kriegen konnte. Die Kunden waren wählerisch geworden. »Sie müssen auf die Messe, Herr Lehnbach«, hatte ihm ein Nachbar und alter Bekannter geraten. »Da sehen Sie auf einen Schlag, was es gibt, auf der ganzen Welt.« Die Lehnbachs, eher träge geworden und in ihrem alten Trott befangen, horchten nun doch auf. »Sonst frisst uns die Konkurrenz auf, Barbara. Wir müssen da hin. Rauchwarenmesse auf dem Leipziger Brühl«, las er Barbara vor. »Da fahren wir hin. Mach unsere Koffer fertig. Gleich morgen nehmen wir den Eilzug.« Er selbst packte seine nobelsten Zigarrenkisten zusammen und einige von den echten Havanna in der Glasröhre. In Leipzig angekommen, ließen sie sich nach einiger Mühe ein Hotelzimmer vermitteln. Fritz warf sich in Schale, nahm seinen Zigarrenkoffer und fragte sich durch zum Brühl. Hier ist es vornehm, wunderte er sich. Überall lagen Pelze herum. Und er verbarg erst einmal seine Zigarren. In der alten Leipziger Passage saßen Kaufleute und verhandelten. Fritz nahm Platz und steckte sich eine an. Er merkte, wie die Herren aufmerksam wurden und reichte ihnen seine Kiste und empfahl die vornehmsten Stücke. Schon bald hatte sie der Qualm vereint.

Wie die aber untereinander redeten, konnte es

Fritz nicht verborgen bleiben, dass es hier um Pelze ging. Rauchwaren stand dran und Pelze waren drin. Der Westen krempelt alles um. Wer aber nicht mitschwimmt, geht unter. Also klinkte er sich ein. Die Herren merkten wohl, dass er keine Ahnung hatte. Aber seine Zigarren waren gut, sehr gut. Und Fritz setzte noch eins drauf und holte die Havanna hervor, in der Glasröhre. »Da wollen wir den Ossis doch einmal ein bisschen unter die Arme greifen«, sagten sie und unterwiesen Fritz im kleinen Alphabet des Pelzhandels.

Fritz glühte vor Erregung, als er ins Hotel zurück- kam. »Barbara«, sagte er, »das mit den Zigarren ist nur Tarnung. Die handeln mit Pelzen. Ich habe ein paar schöne Stücke geordert. Auf der Bank nehmen wir einen Kredit und bauen um.« Sie reisten sofort ab. Er nahm den Nachbarladen dazu, der schon seit Jahren leer stand und brachte eine große Leuchtreklame an, »Rauchwaren«, Zigarren also, aber nur zur Tarnung. Das Ge- schäft machte er mit den Pelzen. So verstand er das. In Barby ging es um wie ein Lauffeuer.

So viel hatte er gelernt, dass er vor allem die billigen Karnickelfelle einkaufen muss, um seine Kunden mit preiswerten, echten Pelzen locken zu können. Zwei Näherinnen hatte er eingestellt. Die Nadeln glühten. Keiner in Barby, der nicht bei Fritz schon einmal neugierig reingeschaut hatte. Man muss mithalten können, ging ein Wort von der Börse um. Es muss ja nicht gleich ein ganzer Mantel sein, lockte Fritz, wenn er sah, dass der Kunde etwas schwach auf der

Brust war, soll heißen, dass sich die Brieftasche nicht durchdrückte. »Eine Stola macht auch was her. Und da haben wir für Sie«, nun beugte sich Fritz zu seinem Kunden ans Ohr, »einen richtigen Biber«, sagte er geheimnisvoll, ohne preiszugeben, was er eigentlich damit meinte und dachte natürlich nicht im Traum daran, wirklich ein Nutriafell zu nehmen. »Für Sie zum Sonderpreis.« Und der Kunde traute sich nicht, nein zu sagen. Wer etwas auf sich hielt, wollte mindestens einen echten Kragen, ohne dass man sagen konnte, was das eigentlich sein sollte. Aussehen musste es.

Für Barbara sprang bald ein Nerz heraus, mit Zertifikat. Und Fritz trug in der Kälte seinen mit Lammfell gefütterten Wintermantel. Die Lehnbachs waren zur ersten Adresse in Barby avanciert. Und nun standen sie vor meiner Tür, Nerz und Lamm.

34. Carola und Hoa wohnten bei Tobias. Sie waren miteinander verschweißt für alle Ewigkeit, sie drei und verabredeten nun die nächste Zeit. Felix und Fabian mussten zurück nach Toulon, wo die beiden in die sechste Klasse gekommen waren.

»Hoa«, sagte Carola, »ich glaube, ich kriege wieder ein Kind.« Hoa umarmte sie. Aber sie weinte. »Ich will auch noch ein Kind. Ich will auch noch ein Kind.« »Ich fahre allein mit den Buben nach Toulon«, sagte Carola, »und Du bleibst noch hier und wachst darüber, dass Tobias seine Gesundheitstermine wahrnimmt.« Hoa nahm Carolas

Hand und eine Wärme strömte von der einen in die andere, dass sie ganz eins waren.

Da hinein platzte mein Anruf von dem hohen Besuch, der sich bei mir eingestellt hatte. Sie mussten kommen, ob es nun gerade passte oder nicht.

35. Die drei Buben waren bei mir mit der elektrischen Eisenbahn beschäftigt. Die Lehnbachs waren seit der Beerdigung des alten Gourbier nicht mehr in Erscheinung getreten. Frederique erkannten sie aber. »Du bist aber groß geworden. Wir sind Deine Großeltern.« Frederique beäugte sie neugierig. Solche Pelze hatte er noch nicht gesehen. »Hilf deiner Oma mal aus dem Mantel. Das ist ein echter Nerz. Siehst Du das dichte Haar, das durch die längeren Haare verborgen wird. Damit kannst Du noch bei dreißig Grad minus draußen herumspazieren.« »Für so einen Mantel kannst Du Dir ein Auto kaufen«, ergänzte Fritz noch. »Nicht den da unten. Das ist ein A8.« »Très joli«, wechselte Frederique ins Französische. »Das ist ein Wagen, mein Junge, keine Jolle«, korrigierte Fritz. »Die gehobene Klasse.« Beide strafften sie sich. »Wenn Du tüch-tig bist, kannst Du später in unser Geschäft einsteigen und Deine Großeltern können sich in den wohlverdienten Ruhestand zurückziehen.« Frederique war froh, dass er ein langärmeliges Hemd anhatte, so dass man die Gänsehaut nicht sehen konnte, die ihn überzog. Ich schickte ihn zum Bäcker. Er wartete meine Instruktionen gar nicht erst ab. Er wisse schon, sagte er nur. Und weg war er.

Zweifel kannte Barbara keine. Sie hatte sogar schon einmal ein Buch gelesen und darin einen Druckfehler bemerkt. Da stand Pelzhantel anstelle von Pelzmantel. Ihr mache keiner was vor, breitete sie das bei jeder Gelegenheit aus und sie geriet in einen Redefluss, der sich bedrohlich aufbaute. Als sie Luft holen musste, gelang mir die Bemerkung, in Bernburg an der Saale sei ich zwei Jahre mit Hellmuth Karasek in dieselbe Schule gegangen. Sie sah sich um und ihre Blicke schweiften geringschätzig über ein paar Taschenbücher, die hier von mir herumlagen und mich als Autor auswiesen. Ihr Kinn und die Mundwinkel ließ sie missbilligend nach unten hängen, während sich die Nasenflügel blähten. »Und ihr lasst euch von Frederique die Eisenbahn erklären«, wandte sich nun Barbara an Felix und Fabian. Die standen auf und gaben artig die Hand. »Das sind Eure Großeltern aus Barby«, erklärte ich. Carola kommt gleich. »Und Deine Mama kommt auch mit, Fabian. Ein Vater und zwei Mütter«, erklärte ich den Lehnbachs. »Wir haben einen Bastard in der Familie«, verstand Barbara und sackte in einen meiner schönen Sessel. Fritz musste ihr das Riechfläschchen reichen. Und dann klingelte es auch schon.

36. Die Jungen begrüßten ihre Mütter sehr herzlich, die sich erst dann an den vornehmen Besuch wandten. Carola erkannte ihre Mutter kaum wieder. So eine Tonne, versuchte sie ihren ersten Gedanken zu unterdrücken. Es ging aber nicht. Anstelle der Beine, mit denen der

Allmächtige die Frauen so verführerisch ausstattet, waren da zwei Säulen, die oben nicht mehr genug Platz hatten und deswegen die Grätsche machten. Eine Trennung zwischen Hals und Kinn war nicht auszumachen. Die ganze Garderobe war Maßanfertigung, da der Handel so etwas nicht hergab, selbst bei den Übergrößen nicht. Dafür trug sie eine dicke Goldkette und hatte am Finger einen Brillanten, der mit seinen Lichtreflexen sofort die Blicke anzog. »Der hat sechs Karat. Sechs Karat«, wiederholte Barbara. »Kein Zirkon, ein lupenreiner Brillant aus Südafrika.« Erst dann sagten sie sich richtig guten Tag. »Und das da ist ein echter Nerz.« Barbara zeigte auf die Garderobe. Den sollst Du einmal erben, wenn mich der Herrgott in seiner unendlichen Güte zu sich genommen hat.

»Daraus machen wir dann so einen schönen, weiten Pelzmantel für Dich, Hoa. So gut wird Dir das stehen, obwohl wir das in Toulon nicht wirklich gebrauchen können«, sagte Carola. »Und einen für mich. Auch so einen schönen Swinger.« »Und was machen wir mit dem restlichen Fell«, spottete Hoa. Bei Barbara hörte man die Zähne knirschen.

Die Wohnungstür wurde aufgeschlossen. Das konnte nur Tobias sein, der einen Schlüssel hatte. Als erstes schloss er die beiden Frauen in seine Arme und wollte gar kein Ende finden. »Herr Tobias Triebel, wenn ich mich richtig erinnere«, unterbrach Fritz. Sie hatten sich auf der Beerdigung vor über zehn Jahren das letzte Mal gesehen. »Wir sind die Eltern Ihrer Frau Gemahlin.«

»Natürlich, die Eltern von meinem Engel«, korrigierte Tobias. »Meine Flamme hier« und nun wandte er sich an Hoa, »hat nur mich – und Fabian natürlich.«

»Wo sind wir da hingeraten?«, nahm Barbara ihren Fritz beiseite, »ein Bastard, Vielweiberei. Das ist doch bestimmt eines dieser asiatisches Flittchen, die sich bei uns eingenistet haben«, flüsterte sie Fritz ins Ohr. »Die ruinieren unsere ganze abendländische Kultur.« Der wollte davon aber nichts wissen und dachte an die wunderschönen Tage auf der Messe, wo er jetzt immer alleine hinfuhr, da es Barbara zu viel wurde. Sie brauchte wieder ihr Riechfläschchen.

Endlich kam Frederique mit Torten und Sahne und die Gesellschaft hatte eine gemeinsame Blickrichtung. Beim Anblick der Torten wurde Barbara ganz aufgeregt und schluckte schon vorher, unablässig. »Ich darf ja eigentlich gar nicht. Aber heute können wir ja mal eine Ausnahme machen.« Sie langte ordentlich zu. Ich konnte gar nicht hinsehen. Die ohnehin viel zu großen Augen quollen ihr fast aus dem Kopf. Und dann kam der Zuckerschock. Hoa stürzte runter in die Apotheke und kam mit einer Insulinspritze zurück. Gerade noch rechtzeitig. »Wozu diese asiatischen Flittchen doch nutze sein können«, bemerkte sie nebenher. Hoa hatte ein sehr feines Gehör. Das war damals während ihrer Zeit im Dschungel überlebensnotwendig. Und nun standen die Lehnbachs da mit hochroten Ohren. Carola war bedrückt. Sie war doch ihre Mutter.

Aber die Torten waren vorzüglich und mit der Stimmung ging es wieder bergauf.

Carola bereitete ihren Abflug mit den drei Jungen nach Toulon vor. Und Hoa wollte darüber wachen, dass Tobias auch wirklich zum Arzt geht und später nachkommen.

37. Jetzt wusste er es. Sein Sohn stand auf der Topliste der vom CIA gejagten Personen. Tobias hatte sich den Vietkong verschrieben, war bei deren Einsätzen aktiv, war dabei, wie amerikanische Stellungen überrannt und deren Flugzeuge abgeschossen wurden. Dazu als Angehöriger der amerikanischen Streitkräfte Fahnenflucht, Spionage, Verrat militärischer Geheimnisse, genug, um ihn in den Staaten auf den elektrischen Stuhl zu bringen, wenn sie seiner habhaft würden. Und dann hatte er noch eins drauf gesetzt. Im Vorfeld der Verhandlungen zur Pariser Vietnamkonferenz lässt er sich 1972 als Dolmetscher einsetzen, gezeichnet von den verheerenden Kampfmitteln der USA, durch seine Präsenz die Gegenseite anklagend, verhöhnend, unangreifbar.

Johannes lief der kalte Schweiß den Rücken runter. Helene wollte es gar nicht glauben. Inmitten ihres gutbürgerlichen Lebens führte ihr Sohn einen unerbittlichen Krieg. Und diese Hoa war seine Komplizin. Und nun lebte er mit zwei Frauen zusammen. Er hatte es ihr ja gesagt. Sie hatte es aber nicht wahr haben wollen.

»Johannes, wir müssen zu ihm«, sagte Helene. »Seine Kinder, das sind doch unsere Enkel.«

»Diese Hoa soll schon wieder schwanger sein«,

sagte Johannes. »Und Carola doch auch.« Sie schüttelten beide die Köpfe.

38. In Toulon sprudelte inzwischen das Leben aus allen Quellen. Auch Hoa war sich nun sicher, dass sie noch einmal ein Kind kriegen würde und war darüber ganz aus dem Häuschen. Der alte Gourbier hatte mit seinem Indochinahandel eine Villa zusammengeschachert, die nun auch bei dem erwarteten Familienzuwachs für alle immer noch genügend Platz hergab.

Tobias war neben dem Unterricht an der Uni mit seinem Cité Vietnamienne bis über die Ohren mit Arbeit zugedeckt, bauliche Ausgestaltungen und vor allem Verwaltungsangelegenheiten jeder Art, Gewerbegenehmigungen, Zulassung der Kinderbetreuung, Einbürgerungen. Er musste dafür Sorge tragen, dass es einmal auch ohne ihn weiterlaufen wird. Nur abends telefonierte er mit Toulon, um seiner Familie nahe zu sein.

Seine beiden Frauen waren aber in letzter Zeit von dem Eindruck beunruhigt, den er am Telefon machte. Da er in demnächst nicht runter kommen würde, beschlossen sie, ihn in den Herbstferien in Berlin zu überfallen. Fabian und Felix konnten sie mit gutem Gewissen in der Obhut von Florence, Suzanne und Jeanne zu Hause lassen.

Als Carola und Hoa an einem strahlenden Oktobertag Tobias in seiner Wohnung im Cité Vietnamienne überraschen wollten, damit er sich an ihren Kugelbäuchen erfreuen konnte, ist er ganz gegen ihre Erwartung nicht zu Hause.

Stattdessen finden sie diese handgeschriebenen Zeilen:

Ihr beide wisst, dass ich der Hölle nur mit knapper Not entkommen und dabei halb verbrannt bin. Die alten Wunden treiben jetzt unaufhaltsam ihre Zerstörung voran. Ich will nicht, dass die wunderbaren Jahre, die Ihr mir eingehaucht habt, vergiftet werden.

Von meinem Weg nach Buch komme ich nicht zurück. Führt die Verbrennung zu Ende.

Carola, Du warst mein Engel,
und Du, Hoa, Du warst meine Flamme.

Hier endet unser Bericht.

Tobias wurde im Park des Klinikums Buch gefunden. Er saß da auf einer Bank mit einem friedlichen Ausdruck auf seinem Gesicht und einem Loch in der Schläfe. Die Waffe hielt er noch in der Hand.

Im Cité Vietnamienne wurde ihm zu Ehren ein Raum eingerichtet, ”Wir klagen an”.

Strafrechtliche Verurteilungen wegen der Napalmeinsätze hat es nie gegeben.

Die Personen:

*1895. François Gourbier, Überseehändler,
Vater von Helene.†1977.

*1902. Kaspar Krone, Beamter des BND.

*1906. Johannes Triebel.
Deutscher Marineoffizier. Vater von Tobias.

*1918. Helene Triebel, geb. Gourbier,
Mutter von Tobias.

*1920. Fritz Lehnbach. Carolas Vater.
Inhaber eines Zigarrenladens.

*1925. Barbara Lehnbach. Ehefrau von Fritz.
Carolas Mutter.

*1935. Tobias Triebel. Physiker.†1992.

*1940. Thomas Teltow, der Erzähler. Physiker.

*1942. Hoa Doan. Vietnamesische Ärztin und
Geliebte von Tobias.

*1949. Carola Triebel, geb. Lehnbach. Studentin.
Ehefrau von Tobias.

*1972. Frederique Tobias Triebel.
Sohn von Carola und Tobias.

*1978. Felix Tobias Triebel.
Sohn von Carola und Tobias.

*1978. Fabian Tobias Triebel.
Sohn von Hoa Doan und Tobias.

Zwölf Kreuzer

Die Grafen zu Wolkenstein

1. *Das Amt zur Regelung offener Vermögens-*
fragen hatte den Eingang des Schreibens be-
stätigt. Allerdings müsse wegen der großen Zahl
der Anträge bis zur Bearbeitung mit einer län-
geren Wartezeit gerechnet werden.
Nun, er hatte Zeit.
Maximilian Gunnar Graf zu Wolkenstein lehnte
sich bequem in seinem Ledersessel zurück, echtes
Leder. Er hatte seine Ahnengeschichte hervorge-
holt, dicke, in Leinen gebundene Bücher. End-
lich hatte er sie alle zusammen. Gleich auf dem
Deckel des ersten Bandes war das Zwölf Kreuzer
Stück eingeschweißt, die berühmte Zwölf Kreuzer
Münze. Wie in seinem Amulett. Und dann in-
nen die Skizze von der Gemarkung Wolkenstein
und eine Jahreszahl stand da, 1465. Das musste
der Baron sein. Über ein halbes Jahrhundert vor
den Bauernkriegen. Und ein halbes Jahrtausend
ist das alles her.
Die Gemarkung Wolkenstein. Sein Land. Hun-
dert Hektar Land. Das gehörte ihm. Hundert
Fußballfelder kann man sich vielleicht darunter
vorstellen. Sein uraltes Familienerbe, sein gehei-
ligtes Eigentum, getränkt mit dem Fleiß und dem
Schweiß seiner Vorfahren.
Maximilian vertiefte sich in die Bücher. −
Unermüdlich zog Helmut die Furchen. Er ging
selbst im Geschirr, da er wegen der drückenden
Abgaben den Ochsen hatte verkaufen müssen.
»Brav, Helmut, brav«, lobte der Baron zu Wolken-
stein, der nebenher ritt. »Wenn der Zins zur Sonnen-
wende nicht auf meinem Tisch liegt, hol' ich mir
die Lene. Mit einem knallenden Peitschenhieb

zerriss er die Luft. Oder schaffe er mir einen Gulden herbei. Dann kann er das Stück Acker hier haben«, spottete der Baron großmäulig und klapperte dabei mit seinen Talern. Helmut horchte auf. Als er nach Hause kam, ging er in die Werkstatt, nahm sein silbernes Kreuz vom Hals und hämmerte so lange darauf herum, bis ein Stück wie eine Münze daraus geworden war. »Zwölf Kreuzer - Fünf einen Gulden«, gravierte er auf den Rand. Er zeigte es Lene. »Guck mal, was ich in der Truhe gefunden habe.« Lene jubelte. »Dann sind wir ja reich, Helmut.« »Fünf Stück brauche ich davon, dann gibt er mir dafür den Acker.« Und er erzählte seiner Frau, wie er die Münze gemacht hatte. Lene bekreuzigte sich. »Um Gottes Willen, Helmut. Wenn das der Herr Pfarrer erfährt, das heilige Kreuz und der Kurfürst mit seinem Münzrecht, dann werden wir gerädert, Helmut.« »Die finden wir in der Truhe, die in der Kammer unter dem Kellerboden versteckt ist. Sechs Stück will ich davon machen. So viele Kreuze haben wir. Eine Münze bleibt dann noch für uns.« Und er nahm ihre silbernen Kreuze und machte daraus Münzen. Die Jahreszahl 1408 gravierte er noch auf den Rand.

Auf dem Acker arbeitete er wie besessen, da der ja nun bald ihm gehören würde, einer guten Ernte entgegen, hoffte er. Es wurde aber ein schlechtes Jahr. Ein Unwetter nach dem anderen. Die Saat war zum Teil wieder herausgespült worden und von den wenigen Früchten fielen die meisten dem Hagel zum Opfer. Wie der Baron sah, dass er zu dem Geld nicht kommen würde, sagte er, »morgen hol' ich mir die Lene, Helmut. Da hättest du eben fleißiger arbeiten müssen. Sie soll sich fein herausputzen, die Dirn« und ließ die Peitsche knallen.

Wie ein Pfau erschien er zum Abend des nächsten Tages beim Bauern. »Lene«, rief er, »heute gehörst du mir.« »Wir sind hier unten und suchen nur noch ein paar Sachen zusammen.« Der Baron ging ins Haus. Da ertönte aus dem Keller ein Hilferuf. »Kommen Sie schnell, Herr Baron, kommen Sie runter. Die Lene ist eingebrochen.«

Als er die Kellertreppe runter kam, war da die Lene in ein Loch gefallen, aus dem sie nur mit Hilfe der beiden Männer wieder herauskam. Und die untersuchten nun die Stelle. Ein richtiger unterirdischer Raum kam hier zum Vorschein, aus dem sie bald eine alte Truhe bargen.

Der Name von Helmuts Großvater stand darauf, Paul Friedrich Kreuzer, der einmal ein reicher Mann gewesen sein sollte, bis er durch Missernten in die Knechtschaft geraten war. Sie öffneten die Truhe und fanden die Kreuzer, sechs silberne Kreuzer. »Ich habe es gewusst, ich habe es gewusst«, jubelte Helmut. »Ich war schon immer sein Liebling gewesen. Deswegen sollte ich die alte Hütte hier erben. Wie sie alle frohlockt hatten. So ein feines Haus hat er Dir geschenkt, hatten sie gespottet. Ich habe aber zu ihm gehalten. Ich habe es gewusst. Ich habe es gewusst.« Er führte einen richtigen Tanz auf. Das war perfektes Theater, was er da spielte.

»Da steht es, ‚Fünf einen Gulden', Herr Baron. Fünf einen Gulden. Bringen Sie mir die Urkunde für den Acker und Sie können sich die fünf schönsten Silberlinge heraussuchen. Und die Lene bleibt hier.« Der Baron stand im Wort und musste zähneknirschend den Handel eingehen. Er kam den nächsten Tag mit der Urkunde und suchte sich fünf von den Münzen aus. Die sechste aber gab Helmut der Lene, die sie in ihrem Amulett um den Hals trug.

So war Helmut ein freier Mann geworden und konnte mit Stolz seinen Familiennamen tragen. 'Helmut und Lene Kreuzer' stand fortan über ihrer Haustür.

Ludwig Elmar zu Wolkenstein erregte beim Kurfürsten viel Aufsehen mit seinen alten silbernen Zwölf Kreuzer Münzen. Der kurbelte die Prägung von einzelnen Kreuzerstücken an, silberne und auch aus Kupfer, bei denen dann einhundertundvierzig einen Gulden wert waren.

2. Es blieb aber ein harter Alltag. Erst einmal musste Lene auf dem Markt ein paar billige Blechkreuze erstehen, damit keiner unangenehme Fragen stellen konnte, da Helmut ja die echten silbernen Stücke zu den Münzen verarbeitet hatte. Nun konnten sie die Ernte zwar behalten. Die fiel aber schlecht aus. Und sie mussten beide hart arbeiten für einen karg gedeckten Tisch.

Helmut war ganz beseelt von seiner Arbeit, füllte damit wie besessen den ganzen Tag aus und fiel abends wie ein Toter ins Bett.

Lene sah er häufig in die Kirche gehen, nicht nur sonntags. Er fand es zwar Zeitverschwendung, konnte aber nichts dagegen sagen. Vielleicht verlangte es sie ja danach, dem Herrn

für die gütige Wendung ihres Schicksals zu danken. Es war aber ganz anders.

»Oh Herr, vergib mir«, betete sie, »dass ich diese Tage verfluche, wo er die Münzen gemacht hat. Und doch war es der schönste Augenblick in meinem Leben, wie mich der Herr Baron anfasste mit seinen geschmeidigen Händen, um zu helfen, mich aus der unterirdischen Kammer zu ziehen. Wie gefühlvoll er meinen Körper nahm und ich versuchte, mich schwer zu machen, damit er fester zufassen musste. Es war der Himmel.« Sie stieg im Keller tatsächlich manchmal runter in den geheimnisvollen Raum, um sich vorzustellen, wie der Herr Baron sie da herauszieht. Und wilde Schauer liefen über ihren Körper.

Lene bestand nun darauf, gelegentlich auch mit aufs Feld zu gehen, um die freie Luft zu atmen, wie sie sagte, die ja nun auch ihnen gehörte. Dafür machte sie sich besonders verführerisch zurecht. Und wenn der Herr Baron vorbeiritt, versäumte sie nicht, mit betörenden Wendungen ihres Körpers, ihn ganz verrückt zu machen.

»Vesperzeit«, klatschte sie in die Hände, als sie sah, wie der Baron gerade in der Nähe war und breitete den Proviant aus. »Kommen Sie mal runter von ihrem Gaul«, rief sie ihm zu. »Sie sind eingeladen, wo wir doch nun gute Nachbarn sind.« Der Baron ließ sich das nicht zweimal sagen und gesellte sich dazu. »So was Feines kriegen Sie sonst nicht.« Sie schob ihm die besten Brote zu, obwohl sie ja selbst kaum genug hatten. Als sie dann alle aufstanden, da die Arbeit ja weiterging, tat Lene so, als wenn sie das Gleichgewicht nicht hatte halten können und fiel zurück. Der Baron sprang hinzu und half ihr hoch. Wieder ein Moment im Himmel.

Ob Helmut was gemerkt hatte. Jedenfalls ritt der Ludwig nun ziemlich oft gerade zur Vesperzeit vorbei und ließ sich nicht lange bitten. Und dann brachte er auch mal eine Flasche Rotwein mit und sie plauderten auch über die Pausenzeit hinaus. »Was meinen Sie, wie schön das Arbeiten ist, Herr Baron«, sagte nun Lene. »Das sollten Sie mal probieren. Dann könnten wir auch etwas länger vespern.« »Nur, wenn Du auf meinem Gaul reiten kannst.« Als wenn die Lene, die ein gutes Gespür für Pferde hatte, nur darauf gewartet hätte, schwang sie sich auf die Stute und weg war sie. Und der Herr Baron musste in die Furche. D. h., er tat so, als ob und stocherte mit seinem Stock ein bisschen in der Erde herum. Die Stiefel wurden davon lehmig und der Bursche hatte nachher zu tun.

Und dann sprengte Lene auf ihrem Pferd wieder heran. »Sieh er zu, dass zur Sonnenwende der Zins auf dem Tisch liegt«, fuhr sie ihren Mann an. »Sonst hol' ich mir den Ludwig.« Und eine wilde Erregung erfasste ihren ganzen Körper, wie sie das so frei weg hatte sagen können. Die drei lachten noch eine Weile. Dann ging die Arbeit weiter und der Baron ritt davon. Diese Lene, ging es nur noch durch seinen Schädel. Das war beschlossene Sache, für ihn und für Lene, ohne dass die beiden noch hätten ein Wort darüber verlieren müssen.

3. Die Ereignisse nahmen nun folgenden Fortgang. Lene hatte sich wirklich mit dem Baron eingelassen. Ein hohes Risiko war sie eingegangen. Auf dem Acker hatte sie ihm einen Zettel zugesteckt.

»Heute Nacht 2 Uhr vor unserem Haus.« Helmut schlief wie ein Toter und sie schlich sich nach draußen. Und dann lagen sie zusammen im Heu. Aber – es wurde eine herbe Enttäuschung. Nein, die Lene war so was von enttäuscht. Und dann musste sie aufpassen, dass sie nicht laut loslachte. So eine Null. Was hatte sie sich da alles ausgemalt. Was nun, Baronin zu Wolkenstein. –

»Helmut«, sagte sie zu ihrem Mann, »jetzt, wo es uns so gut geht, müssen wir auch daran denken, Kinder zu haben, die einmal den Hof übernehmen.« Und es dauerte nicht lange. Und sie wurde schwanger.

»Wenn das mein Mann erfährt«, machte sie den Baron nun glauben, ihr Beisammensein zeige jetzt Folgen, »erschlägt er mich. Das darf er Gottes Willen nie erfahren«, redete sie auf ihn ein. »Ich werde es so arrangieren, das er glaubt, es wäre von ihm.«

Wie das der Baron hörte, war er wie von der Tarantel gestochen. Er machte einen richtigen Luftsprung, blähte sich auf wie ein Ballon und platzte bald vor Stolz und Wohlbehagen. »Was für ein Kerl ich bin«, klopfte er sich auf die Schulter und hätte sich am liebsten eine Schärpe um den Bauch gebunden mit der Aufschrift »Sieben auf einen Streich.« Sieben Mägde sollten die Leute denken. »Wie ein Prinz soll er es haben, wie ein Prinz. Soll doch der Bischof auf meine Ländereien schielen, bis er um die Ecke gucken kann. Die kriegt mein Sohn. Die kriegt mein Sohn.«

»Ich werde sein Patenonkel werden, damit Dein Alter nicht argwöhnisch wird. Ich habe einen Sohn. Ich habe einen Sohn«, jubelte er, obwohl es noch gar nicht klar war, dass es ein Sohn würde. Es wurde aber einer. Elmar tauften sie ihn, auf den zweiten Vornamen des Barons, der sich als sein Patenonkel eintragen ließ. »Weil Du immer so artig den Zins gezahlt hast«, erklärte er Helmut. Und ein großes Fest feierte Elmars Erscheinen auf dieser Welt.

Das mit der Lene ging dem Baron durch den Kopf und das mit dem Gulden. Und einen Sohn hatte er nun. Er konnte zufrieden sein. Hoch über dem Eingangsportal mit dem Schriftzug 'Villa Wolkenstein' ließ er ein Wappen anbringen, eine Zwölf Kreuzer Münze aus weißem Marmor, ein Meter im Durchmesser.

Nur die Lene war nicht ganz zufrieden. Baronin zu Wolkenstein wollte sie sein. Und die Huldigungen würden ihr entgegengebracht und die Stallburschen machten, was sie wollte.

4. Lene sah man nun häufiger bei dem Baron, d. h., mehr bei seinen Pferden. Da hatte er ihr freie Hand gegeben. Für das Kind bestellte sie eine Amme und ritt eigentlich nur noch durch die Gegend. Helmut missbilligte. Aber Lene war nicht zu bremsen. Sie verstand es sogar, mit den

Pferden Geld zu machen und hatte bald eigene Pferde. Und einen Ochsen hatten sie wieder und Helmut musste den Pflug nicht mehr selber ziehen. Aber er blieb an seinem Acker kleben. Lene trieb es um. Wer wollte darüber richten. So war es ihr in die Wiege gegeben.

»Ich will auch noch eine Tochter, Helmut.« »Machen wir«, sagte der, erlag aber noch in derselben Nacht dem Schlagflusse. Lene sah man nun gar nicht mehr. Wie sie aber merkte, dass ihre letzte Nacht mit Helmut nicht ohne Folgen geblieben war, ging sie zum Baron, sich auszuheulen über das frühe Ende ihres Mannes. Und es dauerte nicht lange und sie kamen sich näher. Wenig später merkte der Ludwig, dass seine Lene wieder dicker wurde.

»Wo Du nun frei bist, nehme ich Dich zur Frau«, bestimmte der Baron. »Und endlich kann ich Elmar als meinen Sohn eintragen lassen. Elmar Albrecht zu Wolkenstein wird er heißen.« Lene war es recht, und sie gebar ihm eine Luise Amalie zu Wolkenstein, ein Frühchen, ließ die Hebamme verbreiten, da die Hochzeit noch gar nicht so lange her war.

Unter dem Gesinde wurde getuschelt. Die Luise sehe dem Elmar ziemlich ähnlich. Und sie hatte so ein Mal am Hals wie der selige Kreuzer. Nur der Baron sah nichts. —

So, so, die Lene, sagte Maximilian vor sich hin. Erst hat sich ihr seliger Mann dic falschcn Münzen ausgedacht, um sie freizukaufen von diesem Baron und dann zieht es sie doch zu ihm hin. Hört sich eben gut an, Frau Baronin.

Maximilian hielt die von der Zeit verschlissene Münze in der Hand, wo auf der einen Seite ein Kreuz zu erkennen war. Die hat also meine Ur...urgroßmutter immer in ihrem Amulett getragen, sagte er, als Andenken an ihren Mann. »Zwölf Kreuzer - Fünf einen Gulden« stand auf dem Rand. 1408. Lange vor den Bauernkriegen. Es drängte ihn, weiter zu lesen. —

5. Eigentlich war nun alles so, wie es sich Lene immer gewünscht hatte. Besser noch. Sie war Baronin auf dem Landsitz Wolkenstein. Das aber alles nur, weil ihr Mann nicht mehr da war. Hatte sie das gewollt. Sie hatte doch Helmut nicht verlieren wollen. Nun war er nicht mehr da und das Leben war ärmer geworden, trotz allen Wohlstandes. Sie verfiel darüber in eine schwermütige Stimmung. Der Baron gab sich alle Mühe, sie da herauszuholen. Letztlich war es das Spektakel ihrer beiden kleinen Springer, dass sie wieder zu sich kam.

Immer mehr lernte sie den Baron von der Seite kennen, die ihn seinerzeit so liebenswürdig und begehrenswert für sie gemacht hatte, charmant, schnittig, gütig, eben ein Herr von Adel. Aber ihren Helmut hatte er trotzdem gepiesackt, bis der ihn an der Nase herumgeführt hatte mit seinen Kreuzern. Den sechsten trägt sie immer noch in ihrem Amulett. Das war ein Husarenstückchen. Und der Baron hatte keine Ahnung. Der hatte überhaupt keine Ahnung. Ein Ballon war der, nur Luft. Ihr Helmut. Das war ein Mann. Der Stallbursche bei den Rindern, der Heinrich, das ist auch so einer, muskulös und gerade heraus. Da ging sie gerne vorbei. Es wäre eigentlich an der Zeit, den Ludwig wieder einmal zu hörnen. Aber das Personal ist zu schwatzhaft. Das geht nicht.

Wie er da gleich zwei Heuballen auf einmal hoch wuchtete, da hatte sie dem Heinrich doch nicht widerstehen können. Sie war einfach über ihn hergefallen. Und nun machte sie um den Heinrich erst einmal einen Bogen. Erst einmal. Ein paar neue Gummistiefel hat er bekommen. Und einen neuen Stiel für seine Forke hat sie ihm hingestellt. Nein. Mit dem Personal. Das geht nicht.

Obwohl, der Heinrich, das ist ein guter Junge. Der ist doch was ganz anderes als diese feinen Herren, die da zu den Galaabenden zusammenkamen mit ihren aufgetakelten Weibern. So viele Doppelkinne auf einmal, von den Fettwänsten ganz zu schweigen. Und wie sie sich auf die vom Übermaß brechenden Tafeln stürzten, in ihren feinen Gehröcken und lächerlichen Pluderröcken, bis ihnen das Schmalz die Backen runtertriefte.

Sie wurde da nicht für voll genommen. Und nur weil der Baron eben der Baron war und hier wegen seiner Vermögensverhältnisse das Sagen hatte, sahen die satten adligen Tanten die Lene überhaupt an, neiderfüllt, wie sie sich ganz gegen die Etikette verführerisch gekleidet hatte. Und die Lene rächte sich an ihren Ehemännern, denen sie einem nach dem anderen den Kopf verdrehte und in ihr Schlafgemach zog und die sie dann in der Hand hatte. Den Pfarrer machte sie sich gefügig, indem sie die feinen Herren zu beträchtlichen Spenden für die Kirchenkasse erpresste. Der Pastor dankte es ihr mit zwei zugedrückten Augen, wenn er ihren Lebenswandel besah.

6. Viel lieber trieb sich die Lene aber bei dem Gesinde herum. Wenn sie da genauer hinsah und Lene sah sich alles sehr genau an, waren die alle knochig, hohlwangig, abgemergelt. Auch der Heinrich, dieser prächtige Bursche. Einmal hatte sie ihm das Vesperbrot gegeben, das sie bei ihren Streifzügen immer dabei hatte. Wie er das verschlungen und sie dann genommen hatte. Sie wollte jetzt immer ein Vesperbrot einstecken.

Wie die zur Pause aus ihren Blechnäpfen aßen, gierig die Wassersuppe in sich hineinschlürften. Nein. Früher war ihr das nie aufgefallen. Ihr Helmut hatte gearbeitet bis zum Umfallen, heimlich einiges beiseitegeschafft, vorbei an den Abgaben, damit sie nicht verhungerten. Und sie hatte nichts von alledem gemerkt. Deswegen hatte er auch nichts hinzuzusetzen, als er vom Schlag niedergestreckt wurde.

Lene hatte das ungute Gefühl, dass die Angestellten manchmal zusammenhockten und verstummten, wenn sie vorbeikam. Es braute sich etwas zusammen. Ganz von selbst, wie ein Wolf, der im Todeskampf noch einmal zubeißen will.

Die nachfolgenden Ereignisse überstürzten sich geradezu. Um das Ganze im Auge zu behalten, kann ich hier nicht für jedes Detail garantieren.

Das wäre etwa so, als wenn man zur Beschreibung der Herbststürme die Bewegung jedes einzelnen Luftmoleküls verfolgen wollte.

Da die Einnahmen nicht so sprudelten, wie er sich das vorgestellt hatte, damit er noch prächtigere Feste geben konnte, ließ der Baron Aufseher durch die Reihen gehen, mit Rohrstöcken. Das hätte er lieber nicht tun sollen.

Als Lene eines schönen Tages gerade von Heinrich kam, traute sie ihren Augen nicht. Die Feldarbeiter, etwa zwanzig an der Zahl, waren auf eine Verabredung hin aufgestanden, alle auf einmal, hatten die Aufseher bei den Händen und Füßen genommen und in den Abwasserkanal geworfen. Sie bewaffneten sich mit Knüppeln und Forken und machten sich auf zum Herrenhaus. Auf dem Weg dorthin liefen andere dazu, so dass schließlich an die hundert Mann zusammengekommen waren.

»Einen Gulden, für jeden einen Gulden«, riefen sie lautstark. Der Baron dachte aber gar nicht daran und hetzte seine Leibgarde auf die Leute. Schüsse fielen. Es gab Verletzte und Tote. Da war die Menge nicht mehr zu halten. Sie machten die Leibgarde nieder und ergriffen den Baron. »An den Galgen mit dem Blutsauger. Hängt ihn auf.« Und sie schleppten ihn zum nächsten Baum. »Halt«, schrie Lene verzweifelt und klammerte sich an Ludwig. »Nein, Ludwig. Haltet ein.« »Hängt die Zicke dazu«, schrien nun andere und ergriffen Lene. Zu ihrem Glück kam jetzt Heinrich dazu. » Bindet sie auf meinen Heusack«, ordnete er an und hatte offenbar etwas zu sagen.

Die Menge exekutierte den Baron und stürmte das Herrenhaus, das sie restlos ausplünderten. Was sie nicht mitnehmen konnten, schlugen sie kurz und klein.

Die Kunde von dem Bauernaufstand breitete sich aus wie ein Lauffeuer. Überall im Umkreis wurden die Adelssitze niedergemacht. Wem nicht rechtzeitig die Flucht gelang, um den war es geschehen.

Wir wollen hier keine Chronologie dieser überall im Lande lodernden Aufstände geben. Die grausamen Ereignisse sind hinlänglich bekannt. Am Ende wurde die alte Knechtschaft wieder hergestellt. Ein Schreckensgericht wies die Meute in die Schranken.

Nachdem Heinrich sie wieder befreit hatte, konnte sich Lene mit ihren Kindern in der bescheidenen Hütte ihres Vaters verstecken, wo Heinrich sie versorgte. Monatelang blieb sie dort in der unterirdischen Kammer, nur nachts unterbrochen, für wenige Minuten, für das Nötigste. Einmal hatten sie nach Lene gefahndet und die Hütte durchsucht. Ihre Kammer blieb aber unentdeckt. Dann gaben sie auf. So wichtig war Lene denn doch nicht. Heinrich wachte darüber, dass sie in der Wohnung nicht gesehen werden konnte. In der Folgezeit streute er die Bemerkung, dass er seine alte Mutter zu sich genommen hatte und Lene konnte sich, verkleidet als alte Frau, auch draußen sehen lassen.

Elmar und Luise hatte Heinrich zu ihrem Onkel Alfred, Helmuts Bruder, in Sicherheit gebracht. Der hatte die beiden gerne aufgenommen. Er

betrieb in Kalwegen an der Kalwe das Schuhma-
cherhandwerk. Die Kinder, die von den Ereignis-
sen in Wolkenstein, die sie hatten miterleben
müssen, für ihr ganzes Leben schwer trauma-
tisiert waren, kamen in Alfreds Werkstatt
zur Ruhe und halfen fleißig mit. Unter keinen
Umständen wollten sie nach Wolkenstein zurück.
Alfred und seine Frau Elke, die kinderlos waren,
fanden ihren Gefallen daran, wie es nun gekom-
men war Sie ließen die beiden als Elmar Albrecht
und Luise Amalie Kreuzer eintragen, was ja auch
seine Berechtigung hatte. In den Wirren der
Zeit, wo es so viele Flüchtlinge gab, ging das.

7. Nach zwei Jahren konnte es Heinrich wagen,
mit Lene die Villa Wolkenstein wieder in Besitz
zu nehmen. »Die Baronin ist zurück«, ging es
wie ein Lauffeuer um. Die Leute überschlugen
sich an Dienstfertigkeiten und Ehrerbietungen.
Die Zeiten hatten sich geändert.
Lenes erster Weg ging in den geheimen Tresor-
raum. Das war ein ganz gewöhnliches, mit Tisch
und Stühlen und einem Sofa ausgestattetes Ess-
zimmer, dessen eine Wand aber unsichtbar die
Tür zu einem Tresor verbarg, sorgfältig über-
tapeziert, mit einem dicken, verschlissenen
Wandteppich verhangen. Das Versteck wusste
sie von dem Baron, aber nicht, was er da hatte.
Und der Schlüssel lag noch unter der Diele. Das
war der marodierenden Meute entgangen. Hier
waren hunderte von Gulden aufbewahrt. Lene
jubelte. Warum der gute Ludwig immer mehr
Geld erpressen musste. Sie wusste es nicht. Aber

ihn deswegen gleich umzubringen. Verzeihen wird sie das nie, niemals. Wie dem auch sei. Sie war also immer noch reich, sehr reich.

Als erstes ließ sie für den Baron, der nur achtlos verscharrt worden war, eine prunkvolle Grabstätte errichten. Die Huldigungen nahmen kein Ende. Der Untertanengeist war erwacht und entfaltete sich zu voller Blüte.

Lene hatte wieder Oberwasser.

»Und nun zu Dir, mein lieber Heinrich«, sagte sie. »Du musst jetzt vor mir auf die Knie fallen und um meine Hand anhalten.« Heinrich fiel auf die Knie, nahm sie über die Schulter und warf sie auf das dicke Federbett. Da wurden sie sich schnell einig.

»Aber wirklich, Heinrich. Wir wollen jetzt heiraten. Du musst um meine Hand anhalten. Und als mein Gemahl wirst Du der neue Baron zu Wolkenstein.« Gesagt. Getan.

»Willst Du, Lene Baronin zu Wolkenstein«, fragte sie der Pfarrer, »den neben Dir stehenden Heinrich als den Baron zu Wolkenstein zum Ehemann nehmen, so sprich, ja, ich will.« Sie wollte.

»Und willst auch Du, Heinrich, nachmals als der Baron zu Wolkenstein, die neben Dir stehende Lene zur Ehefrau nehmen, so sprich, ja, ich will.« Er wollte auch.

»So erkläre ich Euch zu Mann und Frau. Die Eheleute dürfen sich jetzt küssen.« Sie taten es sehr unbeholfen, als wenn sie Neulinge auf diesem Gebiet wären. So mancher fühlte sich berufen, praktische Ratschläge zu erteilen.

8. *Maximilian nahm das nächste Buch zur Hand. In Wolkenstein wurde ein neues Kapitel auf- geschlagen. —*

Wenn er früh aufwachte, musste Heinrich erst zweimal seinen Kopf gegen das verschnörkelte Bettgestell schlagen, um sicher zu sein, dass dies hier kein Traum war. Wochenlang ging das so. Aber schließlich hatte sich Heinrich mit seinem neuen Domizil angefreundet und mit seiner Rolle darin als der Baron zu Wolkenstein. Er stellte alles auf den Kopf. Für seine Bauern halbierte er die Abgaben, sah überall nach dem rechten und fasste auch mal mit an, wenn Not am Mann war. So stand er als der neue Baron zu Wolken- stein hoch im Ansehen.

Seit den Plünderungen hatte das Haus leer ge- standen und war ziemlich heruntergekommen. Es gab reichlich Arbeit. Zuerst kam das Dach und dann die Innensanierung. Einen Gärtner stellten sie ein, eine Putzfrau und eine Frau für die Garderobe. Und dann die Küche. Ein Koch. Das musste reichen. Und ein Buttler, der ser- vierte. So konnte sich das herrschaftliche Leben entfalten.

»Und bald werden wir eine Kinderfrau dazu nehmen«, eröffnete Lene ihrem Heinrich, der vor Freude gleich aufsprang und einen Châteauneuf- du-Pape aus dem Keller holte. Heinrich war es, als wenn er erst jetzt in dieser Welt richtig aufwachen würde.

Zu ihrem Geburtstag im September ließ Lene die benachbarten Adelshäuser wissen, dass sie zum Abend die Huldigungen entgegennehme. Sie wiegte wohlwollend ihren Kopf und die alten, ehrwürdigen Herrschaften zogen zähneknirschend an ihr vorbei. Man konnte ja nicht wissen, wozu diese Lene mit ihrem Stallburschen in der Lage war. Und der stand auch noch groß daneben. Es wurde Tee gereicht und etwas Gebäck. Andere Festlichkeiten gab es nicht mehr in der Villa Wolkenstein.

Und dann war es so weit. Lene bekam einen Jungen, Christoph. Sie war ganz verrückt mit dem Kind und ließ keinen an das Baby ran, eine leidenschaftliche Mutter. Der Kleine wurde ihr ganzer Lebensinhalt. Und eine kluge Mutter war sie. Jetzt wo sie mit allen Mitteln reich gesegnet war, würde es nicht ihr Streben sein zu raffen, immer mehr, immer mehr. Nein, leben wollte sie, nur mit ihrem Christoph. Denn der Vater machte sich immer rarer.

9. Mit Heinrich vollzog sich eine seltsame Wandlung. Für das Gut interessierte er sich immer weniger und ließ die anderen machen. Das war für ihn kein Leben. Seinetwegen konnten die Bauern tun und lassen, was sie wollten. Die Einnahmen wurden denn auch immer spärlicher. Die Villa ließ er ziemlich runterkommen.

An Lene ging das alles vorbei. Sie brauchte nicht viel für sich und ihr Kind. Sie merkte zwar, dass Heinrich ein anderer geworden war. Der ließ sich aber nichts sagen. Eines Tages stand er da in einem langen Lodenmantel, mit einem Wanderstab in der Hand und einem Bündel über der Schulter. »Ich gehe nun«, sagte er nur teilnahmslos und verließ das Gut Wolkenstein durch das prachtvolle Tor. Die Bauern und die Angestellten standen da mit langen Gesichtern und sahen ihm wortlos hinterher.

Er wollte über die Alpen. Sieben Wochen lang dauerte sein Weg. Erst einmal schaffte er es bis in das malerische Dorf Ladis. Er hielt sich nun in östlicher Richtung, wenn es das Gelände zuließ, stieß auf Bruneck, folgte dem Gardatal Richtung Süden und machte erst wieder in La Villa halt. Von hier aus überquerte er das Grödner-Joch, um sich schließlich in Arabba bei einem Bauern nach einer Arbeit zu erkundigen.

Er könne mit dem Vieh umgehen und die Weiden bewirtschaften, sagte er. Einen Heusack will er dafür haben und jeden Tag zu essen und zu trinken. Er werde nie krank. Und was will er für einen Lohn, fragte der Bauer. Die Luft zum Atmen wolle er und mit den Kühen auf der Weide gelegentlich ein Stündchen zusammen ruhen.

Wie da der Hofhund an ihm winselnd emporsprang, der sonst noch jeden in die Flucht geschlagen hatte, sagte der Bauer zu.» Auf Probe, erst einmal. Wenn er hält, was er verspricht, bekommt er jeden Monat zwölf Kreuzer.« Heinrich war verwundert. »Das ist bei uns so Sitte«, kürzte der Bauer das ab. Er zeigte Heinrich das Heu und den Sack. Den soll er sich voll stopfen. Und die Kühe. Da hatte Heinrich den Bauern schnell vergessen. Wie die den Heinrich sahen, standen sie da mit Tränen in den Augen, vor Freude und sie unterhielten sich, die Kühe und der Heinrich. Es waren seine Kühe. Vom ersten Tag an. Und ihre gemeinsame Weide war das.

»Herta«, sagte der Bauer zu seiner Frau. »Da habe ich eben einen komischen Fang gemacht. Der sieht so aus, als wenn er unseren Hof wieder hoch bringt. Die Tiere sind ganz verrückt mit ihm, von Anfang an. Da geben die Berta und die Lotte und die Gerda vielleicht wieder mehr Milch und wir kommen aus unseren Schulden.«
Ganz geheuer war es dem Bauern aber nicht. Da kommt so ein Jesus daher, um uns aus der Misere zu holen. Es ließ ihm keine Ruhe. Als Heinrich schlief, durchwühlte er seine Sachen und fand auf einem Hemd den Aufdruck 'zu Wolkenstein'. Er rüttelte ihn wach und packte ihn bei den Schultern. »Gehört er zu denen, die ihre Herren niedergemacht und bestohlen haben und sich nun hier einnisten wollen, um der Gerechtigkeit zu entgehen? An den Galgen mit ihm.«
»Bauer«, sagte Heinrich, »der Baron zu Wolkenstein war mein Herr. Das ist wahr. Ich habe ihm ehrlich gedient, wie ich Euch hier dienen werde. Jeder von uns, der über zwanzig Jahre dabei war, hat so ein Hemd bekommen, das wir immer zur Kirche anzogen. Aber dann kamen die Unruhen, von denen Ihr sicher gehört habt. Die Dümmsten und die Faulsten haben alles niedergemacht. Bis ich denen Einhalt gebieten konnte, denn ich hatte was zu sagen unter dieser Horde, war es um meinen Herrn geschehen. Nur seine Frau, die Lene zu Wolkenstein, konnte ich gerade noch retten. Erst Jahre später zog wieder Ruhe ein. Die Lene wollte, dass ich mit ihr zusammen das Gut führe. Da war ich zuerst sehr stolz. Und ein Kind hat sie von mir. Ich habe es aber nicht

ausgehalten. Deswegen bin ich hier.« Zum Beweis zog er einige Papiere aus einem verborgenen Fach in seinem Bündel hervor. Heinrich Baron zu Wolkenstein stand da, und der Bauer wich zurück. »Ich will davon nichts wissen«, sagte Heinrich zornig, was bei ihm sonst gar nicht vorkam. Er nahm die Urkunde und warf sie ins Feuer, das da von getrockneten Kuhfladen brannte.

»Jetzt bin ich der Heinrich, der ich sein will. Seid Ihr es zufrieden, Bauer? Sonst ziehe ich weiter.« Der nickte nachdenklich und ließ den Heinrich zu seinen Kühen. »Zwölf Kreuzer«, sagte er noch einmal. Und Heinrich wunderte sich wieder. Das sind doch die Münzen, mit denen Helmut damals die Lene und sich von dem Baron freigekauft hatte, ging es ihm durch den Kopf. »Wieso gerade zwölf?«, fragte er also nach. »Zwölf Kreuzer, die kupfernen«, antwortete da der Bauer. »Das hört sich gut an, wegen der berühmten Silbermünze, die auf so geheimnisvolle Art und Weise vor vielen Jahren auf den Markt gekommen war.« »Die kenne ich«, erzählte nun Heinrich die wahre Geschichte, die er von Lene wusste. Der Bauer war begeistert. Heinrich musste mit in sein Wohnzimmer kommen. Er machte die Fensterläden zu und holte seine alte Sammlung hervor. »Da ist sie ja«, sah Heinrich sofort. Er kannte die Münze gut, da ja Lene eine hatte. Und er erklärte dem Bauern den Hergang. Wie Helmut, Lenes Mann, die echten großen, silbernen Kreuze zu Münzen geschmiedet hatte, die ganze Geschichte. Da hatte Heinrich bei ihm einen Stein im Brett. Der wollte aber nur zu seinen Kühen.

Im Thüringischen galt der Heinrich fortan als verschollen. Nie wieder hat einer dort von ihm etwas gehört.

In Südtirol aber entstand die Legende vom edlen Heinrich, der mit den Hunden und Pferden und Kühen reden konnte und ein bescheidenes Leben in Demut und harter Arbeit führte. Von einigen wurde er wie ein Heiliger verehrt. Sein Ruf verbreitete sich über das ganze Tal. In den Kirchenbüchern von Wolkenstein fand man später eigens eine Seite, die sich mit dem Leben des Heinrich zu Wolkenstein befasste.

10. Kommen wir wieder zu Lene. Heinrich war aus ihrem Leben verschwunden. Um Christoph ging es ihr. Eine Mutter mit ihrem Sohn ist vielleicht die schönste Beziehung, die es im Leben gibt. Auf diesen Gedanken konnte man zumindest kommen, wenn man sich die beiden ansah. Unterrichten ließ sie ihr Bübchen, wie sie ihn manchmal nannte, wenn keiner dabei war, von den besten Privatlehrern, die es im Thüringischen gab. Christoph wurde aber deswegen nicht hochnäsig, ganz und gar nicht. Er fasste alles schnell auf und trieb sich den ganzen Tag mit den Bauernkindern herum. Manchmal sah sie ihn in den Furchen Knollen auflesen. Arbeit hat noch niemandem geschadet, dachte sie dazu und ließ ihn gewähren. Ein anderes Mal wieder beobachtete sie, wie er sich einen Stift und einen Karton mit aufs Feld genommen hatte und die Bauern bei der Arbeit malte. Die waren begeistert, wenn er ihnen seine Bilder zeigte. Das spornte ihn an. Zunehmend malte er nur noch, alles, was er sah, Landschaften, Blumen, Menschen und immer wieder Lene, seine Mutter. Da sie eine große Villa mit vielen Wänden hatten, konnte er da seine Bilder gut ausstellen, zur Freude seiner Mutter.

Und vom leibeigenen Bauern Wiegel die Tochter, die Lisa, die malte er auch. Der Bauer wachte sehr über sie und ließ die beiden nicht einen Augenblick allein. Wie er dann aber so ein Bild sah, das der Christoph von ihr gemalt hatte, war er doch begeistert. Was er nicht sah, dass Christoph in das Bild hinein eine heimliche Liebeserklärung gemalt hatte. Auch Lisa hatte es nicht gleich gesehen. Und als sie es dann bemerkt hatte, gab sie sich nichtsahnend. Er war ja schließlich hier der Baron zu Wolkenstein und sie die kleine Bauerntochter. Dazwischen lagen Welten, unüberwindliche Welten. In ihr Haar hatte er es gemalt, Lisa, ich liebe Dich. Wenn auch nichts daraus werden konnte, schön war es doch. Und die Lisa wurde noch fröhlicher, als es sowieso ihr Naturell war. Sie sang und trällerte, wenn sie ihrem Vater auf dem Acker half. Alles ging ihr leicht von der Hand. Und Christoph brannte immer mehr für sie. Was sollte er machen, er konnte sie immer nur malen und da seine versteckten Liebesbotschaften unterbringen. »Ach wissen Sie, Herr Baron«, sagte Lisa schnippisch«, Sie müssen ja nicht immer meinen Kopf mit den zausigen Haaren portraitieren.« Wunderschöne Locken fielen von ihrem Kopf auf die Schultern. »Malen Sie doch einmal nur die Hände. Oder können Sie das nicht?«

Christoph wusste wohl, dass sich hier die Meisterschaft eines Maler zeigt, ob er auch die Hände gut malen kann. Er holte seinen Malkoffer. Sie legte ihre Linke auf die Gartenbank und er malte sie. Er vertiefte sich in ihre Hand so sehr, dass er um sich herum gar nichts mehr wahrnahm, nicht, wie der Bauer dazugekommen war, um auf seine Lisa aufzupassen und auch nicht, dass seine Mutter schon eine geraume Zeit neben ihnen stand. Als er schließlich die Bleistiftskizze fertig hatte und aufsah, klatschten alle drei und Lisa sagte »bravo, großer Meister, bravo.«

Zu Hause nahm Lene ihren Sohn beiseite. »Nun sag mal Bübchen, willst«....»Du sollst nicht immer Bübchen zu mir sagen«, fiel er ihr ins Wort. »Also, willst Du nicht die Lisa mal einladen, mit ihrem Vater zusammen. Du hängst ein Portrait von ihr neben mein Bild, damit sie sieht, wie verführerisch schön sie ist.« »Das geht nicht. Die kommen nicht in unser Herrenhaus.« »Papperlapapp. Diese Zeiten sind doch lange vorbei. Ich mag sie, alle beide. Sag ihnen, wir würden uns freuen, Du und ich auch, wenn wir mal zusammen hier einen Kaffee trinken.«

Also ging Christoph zu Herrn Wiegel und überbrachte die Einladung. Der war vollkommen sprachlos. Christoph überbrückte. »Wenn es Ihnen gefallen hat, kommen wir gerne auch mal in Ihr Reich. Nun sagen Sie schon ja, Herr Wiegel und vergessen Sie nicht, die Lisa mitzubringen.« Da musste der denn doch schmunzeln. »Und ich hatte schon gedacht, ich sei hier der Anhang«, sagte er schelmisch.

11. Zur Begrüßung war der Bauer noch ziemlich steif in seiner Kirchengarderobe. Lene hatte aber ihre Angestellten nach Hause geschickt und alle mussten mit anfassen, um eine schöne Kaffeetafel herzurichten. Da waren die Barrieren schnell überwunden.

Der Gegenbesuch einen Sonntag später war eigentlich noch schöner. Damit die hohen Herrschaften nicht in ihrer armseligen Küche herumhantieren mussten, hatte Lisa alles schon hergerichtet, als sie kamen. Das uralte Familienporzellan, das schon seit Jahrzehnten unbenutzt in der Truhe lag, stand nun prunkvoll auf dem Tisch. Alles war wunderschön mit Blumen geschmückt. Die Baronin war beeindruckt. Christoph sah nur Lisa, die sich aber auch ganz entzückend zurechtgemacht hatte.

Diese Besuche und Gegenbesuche wiederholten sich. Aber der Bauer war beunruhigt. Wozu sollte das führen. Der junge Baron wird sich eines Tages aus der feinen Gesellschaft eine Baroness holen und seine Lisa wird nebenher seine Maitresse. Dem musste er einen Riegel vorschieben und zwar sofort. Wie er sich gerade seine Rede zurechtgelegt hatte und aufbrechen wollte, ein Machtwort zu sprechen, da klingelte es. Er öffnete. Christoph stand aufgeregt vor ihm, nahm eine ernste Haltung an und sagte, »Herr Wiegel, ich möchte um die Hand ihrer Tochter Lisa anhalten, damit ich sie in den heiligen Stand der Ehe führen kann.«

»Da kommen Sie doch mal rein, junger Mann«, sagte Wiegel vollkommen überwältigt und ganz väterlich. »Weiß denn die Frau Baronin, was Du da sagst?« »Die Mutter will, was ich will.« »Sagen Sie nur ja, Herr Wiegel.« »Lisa, komm doch mal her. Der junge Mensch hier hat soeben um Deine Hand bei mir angehalten. Bist Du denn noch frei?« Lisa wiegte nachdenklich den Kopf. »Warte mal, warte mal«, sagte sie und zögerte eine Weile, da sie ja nachdenken musste. Und dann auf einmal. »Da hat er aber Glück. Du kannst ihm zusagen.« Die beiden glühten sich an. »Dann müssen wir jetzt zur Frau Baronin« und sie brachen auf.

Als die drei die Geschichte vorgetragen hatten, schloss Lene ihren Christoph in die Arme. » Bübchen«, sagte sie leise, dass es keiner hören konnte. »Wie könnte ich dagegen sein, wo ich selbst mit meinem seligen Helmut jahrelang in den Furchen gekniet habe. »Nein Lisa, das ist ja so wunderbar, dass Du hier bald einziehen wirst. So eine wundervolle Baronin und so ein goldiges Püppchen«, fügte sie nur für sich leise hinzu, dass es keiner hören konnte. »Was sagen Sie nun, Herr Wiegel, dass Ihre Tochter eine zu Wolkenstein wird. Das ist das Tollste, was in diesem Haus jemals passiert ist. Sie schickte Christoph in den Keller nach einem Châteauneuf-du-Pape. »So, nun ist aber Schluss mit den Förmlichkeiten, Lene, Lisa, Christoph und«....»Wilhelm«, sagte der Bauer. Und sie ließen die Gläser klingen.

»Meine Abgaben zahle ich aber pünktlich nach wie vor«, sagte der Bauer, als sie gingen. »Die komme ich persönlich kassieren«, sagte Lisa dazu, »und denke nicht, dass ich ein Auge zudrücke,

wenn Du Dich mit schlechtem Wetter herausre-
den willst und heimlich die Kartoffeln schon
im Keller gebunkert hast.« »Lisa, was soll denn
die Baronin denken?« »Die Lene, mein lieber
Wilhelm, die Lene. Und die denkt gar nichts dabei,
wenn Du Deine Familie durchbringen musstest.«

12. Die Weichen waren gestellt und wir wollen
uns nicht weiter in den Einzelheiten verlieren.
Nur, dass auch der Wilhelm in die Villa Wolken-
stein mit einzog. War er doch ein alter Freund
von Helmut und hatte ihn schon damals um seine
Lene beneidet.
Das junge Glück bewohnte die obere Etage mit
ihren herrlichen Balkonen. Die reifere Genera-
tion residierte in der Beletage. Bei den Un-
ruhen damals hatte sich Wilhelm in sein Haus
eingeschlossen und den Mob zum Teufel ge-
wünscht. Das war bei Lene nicht unbemerkt
geblieben und ermöglichte nun ihr Miteinander.
»Was soll eigentlich der Herr Pfarrer von uns
denken?«, sagte Wilhelm eines Tages zu Lene,
»wenn wir hier oben in unserem Nest und seiner
Phantasie wilde Tage und Nächte verbringen,
der Heiligen Schrift zu Spott und Hohn. Lene,
so geht das nicht. Machen wir es kurz, Lene.
Ich würde Dich heiraten. So viel schlechter als
der Helmut bin ich doch auch nicht. Dein Geld
kannst Du behalten. Und ich gebe meinen Acker
nicht her.«
»Das wurde aber auch Zeit«, gab nun Lene zurück.
« Hast Du eigentlich gesehen, dass die Lisa dicker
wird?« Wilhelm guckte verwundert. »Was soll
das heißen?« »Nun stell Dich nicht so an. Was

meinst Du, warum die beiden geheiratet haben. Unser Enkel braucht doch richtige Großeltern. Gleich morgen gehen wir zum Pfarrer. Und eins, zwei, drei sind wir verheiratet. Aber alles unter einer Bedingung, Wilhelm. Ich kann nicht Lene Wiedel heißen. Du musst ein zu Wolkenstein werden. Das geht.« Da druckste der Bauer zwar ein wenig herum. Sein schöner Name. Aber andererseits, er, ein Baron, ja warum denn auch nicht. Das Zeug dazu hatte er. Und er willigte ein.

13. *Maximilian schlug den nächsten Band seiner Adelsgeschichte auf. Ein wunderbares Gemälde war da auf der ersten Seite zu sehen, die Lene mit ihrem Wilhelm, wie sie einvernehmlich auf dem Sofa sitzen und dann vor allem die entzückende Lisa und ihr Christoph, der das ja offenbar gemalt hatte. Und ein Baby hatte die Lisa auf dem Arm, ein unaussprechliches Glück ausstrahlend.*
Maximilian blätterte weiter. − Aber was war das. Die nächsten Seiten waren schwarz, schwarz mit weißen Totenköpfen bemalt. Es war das schreckliche Jahr 1529. Der englische Schweiß[11] war über die Gemeinde Wolkenstein hereingebrochen und hatte sie alle hinweggerafft. Von den Bauern und in der Villa war keiner mehr da.
Es war noch gar nicht lange, dass Lisa entbunden hatte. Und Gottfried hatte dieses wunderbare Bild gemalt, um das Glück festzuhalten.

---

[11]Eine im Mittelalter so benannte, mysteriöse Krankheit, an welcher die befallenen Menschen innerhalb von 24 Stunden starben.

Da riss diese Seuche ihr Maul auf. Um der Ansteckung zu entgehen, hatten Lisa mit dem Kind und Christoph Wolkenstein zu Pferd fluchtartig verlassen. Es war nicht einmal Zeit geblieben, Lene und Wilhelm zu begraben. Das Amulett ihrer Mutter hatte Lisa noch an sich genommen. Doch das Unglück in seiner unstillbaren Gier raffte auch noch Christoph hinweg. Lisa brach zusammen. Sie wollte nicht mehr.

Aber der schreiende Säugling forderte sein Recht. So nahm sie ihr Schicksal an, sich durch das Leben zu schlagen, um des Kindes willen. Zur Tarnung zog sie sich Christophs Sachen an und versteckte das Kind so gut es ging. Sie musste weiter, allein mit ihrem Baby auf ihrem treuen Haflinger, immer in höchster Gefahr, den plündernden Horden in die Hände zu fallen, die überall durch die Lande zogen.

Der homo sapiens enthüllte seine Fratze.

Lisa stillte das Kind und fand selber kaum was zu essen. Wo sie die Kräfte hernahm, entzieht sich jeder Erklärung. Irgendwo sollte hier ein Kloster sein, wusste sie, vielleicht nach hundert, vielleicht auch zweihundert Kilometern müsste das Kloster Meerbaum kommen. Sie trieb ihr Pferd zu einem unermüdlichen Galopp an. Das arme Tier war willig, als wenn es wüsste, worum es ging. Wo immer sie meinte Menschen in der Ferne zu sehen, machte sie einen weiten Bogen. Hin in wieder hielt sie an und nahm ihren Haflinger in den Arm. Das Gras war die einzige Quelle für neue Kräfte, wenigstens für das Pferd. Sie versuchte in der Frühe etwas von dem Tau aufzunehmen und fand hier und da essbare Kräuter und einmal sogar einen Baum mit Esskastanien.

14. Ankunft im Kloster. Aus weiter Ferne waren sie beobachtet worden. Der Prior ordnete an, sofort alle Tore zu schließen, da sie einen getarnten Angriff befürchteten, nach dem Muster mit dem trojanischen Pferd. Lisa pochte verzweifelt an das Tor, immer und immer wieder, bis sich eine schmale Luke öffnete. Sie nahm den Säugling und hielt das schreiende Kind in die Höhe. Wie sich dann das Tor für sie öffnete, brach sie bewusstlos zusammen. Sie wurde auf ein Bett in einem separaten Raum getragen. Die Mönche wollten sicher gehen, dass hier keine Seuche hereingetragen wird. Und sie sahen natürlich sofort, dass sie fast verhungert war. Sehr behutsam wurde sie nach und nach aufgepäppelt und der Säugling half ordentlich mit, ihren Lebenswillen wach zu halten.

Lisa gab sich nicht als Frau zu erkennen. In ihrem Bericht vertauschte sie die Rolle mit Christoph. Die Mutter wäre den Strapazen nicht gewachsen gewesen und so habe er, Christoph, das Kind genommen und sei nach einer halsbrecherischen Flucht vor der Seuche nun hier und bitte um Aufnahme. Und ob sie denn auch etwas Gras für das treue Pferd hätten. Sie bekreuzigte sich und betete, eine lange Zeit, in ihre Bitten an den Herrn versunken. Das Gebet allein hätte ihr geholfen, den Weg bis hierher zu schaffen, sagte sie den Mönchen. Der Prior war tief beeindruckt und bot ihr eine Stelle als sein

Messdiener an. Lisa atmete tief durch, das erste Mal seit unendlich langer Zeit, als wenn sie die ganze dazwischenliegende Zeit nicht ein einziges Mal Luft geholt hätte. Erst jetzt fand sie die Ruhe, dem Kind einen Namen zu geben. Gottfried nannte sie ihn und bat um die Taufe.

15. Nach der entbehrungsreichen Flucht fand sie hier schnell in das Leben zurück. Sie brauchte nicht viel, versah beim Prior ihren Dienst und bot nie Anlass für Kritik. Sie wurde auch noch sein persönlicher Diener, wusste die meisten seiner Wünsche im Voraus zu erfüllen und machte sich praktisch unentbehrlich. Der Prior wartete schon jeden Tag ungeduldig, dass sie endlich kommen würde. Lisa übernahm auch seine persönliche Pflege, Finger- und Fußnägel, Garderobe, alles, was sein äußeres Erscheinungsbild betraf und besaß bald eine uneingeschränkte Vertrauensstellung. Es ging ihr immer besser und sie dachte daran, vielleicht für immer hier zu bleiben. Gottfried würde sich in das Leben hier eingewöhnen und ihr gefiel es, wie sie den Prior an der Nase herumführte.

So vergingen gesegnete Jahre. Gottfried hatte schon eine Mönchskutte bekommen und sich hier eingefügt. Aber Lisas Lebensfreude jagte ihr immer neue Phantasien durch den Kopf.

Mit dem Gedanken hatte sie schon so oft gespielt. Ein schöner Frühlingstag, da wollte sie es tun. »Dass Dich der Hafer sticht im Mai, das finde ich nicht einwandfrei«, hat mal einer gesagt.[12]

---

[12]Rela Ferenz, »Alles nur Gedichte«, united p. c. 2013.

Für den Prior hatte sie ein neues Gewand bereit-
gelegt. Sie widmete sich der Pflege seiner
Füße und Hände, heute besonders gefühlvoll, wie
es der Prior zu bemerken glaubte. Er musste
achtgeben, keiner erotischen Anfechtung zu
erliegen. Hier war er besonders streng.

Und dann machte sie es. Lisa entkleidete sich.
Der Prior dachte zunächst, dass sie eine neue
Livree anziehen wollte. Aber sie zog sich aus,
bis sie splitternackt war. Der Prior bebte am
ganzen Körper und brachte kein Wort heraus.
Sein Puls raste. Sie ging zu ihm und nahm auch
ihm die Kleidung ab, alles, und zog ihn auf das Sofa.
Die Sünde feierte ein atemberaubendes Fest.

Sie setzten sich auf. Und nun brach es aus ihnen
heraus, ein schallendes Gelächter, als wenn es
schon lange darauf gewartet hätte, sie zu erlösen.
Sie lachten aus vollem Halse und wollten gar kein
Ende finden. »Lisa heiße ich«, sagte sie. »Und
ich bin der August«, darauf der Prior. Und sie
wollten sich wieder ausschütten vor Lachen.

Für seine Ordensbrüder achtete der Prior nun
besonders streng darauf, dass die Regeln der Ent-
haltsamkeit, des Fastens und der Buße strikt
eingehalten wurden. Er erhöhte die Zahl der
Stockhiebe für die Verfehlungen. Und er führte
die Peitsche nun selber, die Sünder zu geißeln,
damit sie nicht der Nachsicht gegen sich selbst
erliegen sollten. Er zog die Rute nach Kräften
durch, auf dass sie rein werden, seine Brüder und
in der Askese verharren.

Und dann ging er zu Lisa. Und sie dienten dem
Herrn auf ihre Weise. »Es ist eine Sache der

Auslegung«, sagte der Prior. »Ich will hier für alle meine Brüder die weltliche Last auf mich nehmen.« »Lust«, korrigierte Lisa leise. Und dann laut, »oh Herr, erhöre unser Flehen.« Und sie erbrachten ihm das Opfer ihres weltlichen Treibens. Lisa war es zufrieden und der Prior offenbar auch. Der musste es ja wissen, sagte sie sich. So währte es eine lange Zeit.

Es blieb nicht aus, dass Lisa schwanger wurde. Eine Zeit lang konnte sie es verbergen. Aber dann bemerkte es der Prior, wie sich ihr Aussehen veränderte. Da blieb kein Zweifel. Es trieb ihm den kalten Schweiß aus den Poren.

»Herr, vergib mir meine Schuld«, betete der Prior. Und er fühlte es, dass ihn der Herr erhören werde, wenn er sich abkehre von der Versuchung.

Also ging er auf Lisa los. »Das Mal der Sünde und der Lästerung unseres Herren steckt in Dir. Er möge seinen Zorn kübelweise über Dir auskippen. Du Ausgeburt der Hölle«, steigerte er sich, um sein Seelenheil ringend. »Verbannt seist Du in alle Ewigkeit. Hinaus, schrie er, hinaus mit Dir, Du Teufelswerk, Du dreckige Hure.«

Wie ein Blitz aus heiterem Himmel hatte er sie so geschmäht. Das Unrecht schrie gen Himmel. Lisa verlieh es die Kraft, einen schweren Weinkrug vom Sims zu ergreifen, um ihn auf dem Schädel des Priors zerbersten zu lassen. Der sackte darob leblos zusammen. Lisa bekreuzigte sich, verließ den Raum, verschloss die Tür, erteilte Anweisung, dass der Prior bis zum nächsten Morgen nicht gestört sein wolle, da er an einer Predigt arbeite. Sie rief Gottfried, schwang sich mit ihm zusammen auf den Haflinger und galoppierte davon, bis Sonnenaufgang. Dann sanken sie erschöpft vom Pferd.

Sie schliefen beide lange und fest. Lisa erwachte. Die Sonne stand schon hoch am Himmel. Ein lauer Wind streichelte ihr Gesicht. Die Meisen zwitscherten, die Grashüpfer sprangen von Halm zu Halm, das Pferd schnaufte, Gottfried atmete tief im Schlaf und das ungeborene Leben versetzte ihr hin und wieder einen kleinen Tritt gegen den Bauch. Lisa wusste nicht, ob sie jauchzen oder verzweifeln sollte. Weit und breit war keine Menschenseele, keine Behausung, nichts, wovon sie leben könnten. Zwölf Kreuzer hatte sie. Aber es war keiner da, der ihr etwas hätte dafür geben können.

Lisa wusste, dass schon bald nach ihr gefahndet würde. Sie zog daher ihre Frauenkleider wieder an und konnte endlich ihre schönen langen Locken wieder bis auf die Schultern fallen lassen. Gottfried war ganz begeistert von seiner Mama. Keinem außer dem Prior hatte sie ihre Identität offenbart. Also würde sie auch niemand so erkennen. Blieb nur noch das Pferd. Nachdem sie ein paar Brombeeren gefunden hatten, setzten sie ihre Flucht fort und kamen nach noch einmal zwanzig Stunden zu Pferd tatsächlich an eine Rossstation, wo sie mit ihrem Haflinger viel hermachte. Sie konnte einen tiefschwarzen Rappen dafür tauschen und wurde von dem Rosshändler, der sich in den Haflinger und wohl auch ein wenig in Lisa vergafft hatte, zum Essen eingeladen. Das kam wie gerufen. Der staunte

nicht wenig über ihren Appetit. Einige tränen-
reiche Minuten hing sie zum Abschied am Hals
ihres geliebten, treuen Pferdes. Dann machten
sie sich wieder auf den Weg, bis zum Einbruch
der Dunkelheit.

16. Lisa hatte es geschafft, erst einmal. Sie
war der Seuche entkommen und dem Kloster.
Aber der Haflinger und man konnte ihren Weg
verfolgen. So blieb ihr nichts weiter übrig,
als an der nächsten Station den Rappen wie-
der zu verkaufen. Sie feilschte mit allen ihr zur
Verfügung stehenden Mitteln, um wenigstens
einen guten Preis zu erzielen. Aber der Händler
ahnte ihre Not, machte das Pferd schlecht und
gab ihr zwölf Kreuzer, zwölf kupferne Kreuzer.
Lisa musste schmunzeln und griff nach ihrem
Amulett. Wenn der wüsste. Aber ihre Spur war
immer noch nicht ausgelöscht. Lisa grübelte, wie
sie es anstellen könnte.
Sie war auf ihrer Flucht bis in den Teutoburger
Wald geraten. Hier fanden sie eine Höhle. Da
hinein zogen sie sich zurück. An der einen Stelle
tropfte sogar Wasser von der Decke, wunder-
bares Trinkwasser. Es war ein Segen. Es konnte
auch nicht mehr lange dauern und Paul Johann
würde kommen. Lisa merkte, dass es wieder
ein Junge würde. Sie nahm Gottfried bei der
Hand und sagte, »sieh, das ist ein ganz natür-
licher Vorgang, wenn nun bald ein Kind auf die
Welt kommt. Bei Dir war das ganz wunderbar.
Auf einmal warst Du da. Es kann aber auch
schwer werden für die Frau, und es kommt vor,

dass es eine Frau nicht überlebt. Nimm Du hier mein Amulett, das Dich für immer beschützen soll.« Aber es wurde gar nicht so schwer und dann waren sie zu dritt.

Bei aller Not und Qual. Mit Paul Johann zog das Glück ein, die ungebrochene Lebensfreude. Lisa sang sogar manchmal. Trotz aller Entbehrungen. Hier war es einfach wunderbar und es wurde mit jedem Tag schöner. Lisa wollte sich auf eine lange Zeit einrichten. Sie war hell wach. Jetzt hatten sie September. Der Wald war übervoll mit Früchten und sie hatten auf dem Weg hierher ein zerfallenes, offenbar schon lange verlassenes Gehöft gesehen. Wenn sie den Bogen nur weit genug zogen, gab es nicht nur Esskastanien und Pilze und Brombeeren, sondern auch Äpfel, Nüsse, Rüben und Kartoffeln. Wenn sie hier über den Winter kommen wollten, mussten sie eine beträchtliche Menge an Vorräten herbeischaffen und schonend lagern. Sie instruierte Gottfried mit ihrem Plan und der wirbelte nun wie aufgezogen den ganzen Tag und machte und machte. Woher er das nur alles konnte. Bald hatten sie einen Tisch und Stühle und eine Vorratskammer und Schlafplätze. Mehrmals waren sie zusammen zu dem Gehöft aufgebrochen, um wertvolle Utensilien mitzunehmen. Und da hatten sie eine Entdeckung gemacht, eine riesige Kolonie von Bienen. Vorsichtig nahmen sie einige Waben mit und dachten daran, sich hier noch öfter mit Honig zu versorgen. Höhlenbewohner waren sie geworden, richtige Höhlenbewohner. So lange wollte sie hier bleiben, bis sie sicher sein konnte, dass sie nicht mehr gesucht würden. Aber vielleicht wollten sie ja auch immer hier bleiben, sie drei. An den langen Winterabenden erzählte sie Gottfried von der Familie, von der Villa Wolkenstein, die ganze Ahnengeschichte. Ob sie es wohl jemals noch einmal so schön antreffen würden wie hier.

17. Es war an einem Spätsommertag des Jahres 1546, noch vor Sonnenaufgang. Lisa und Gottfried wurden durch ein bedrohliches Rumpeln geweckt. Und dann bebte auch schon die ganze Höhle. Schnell raus hier, trieb Lisa Gottfried an, nahm Paul Johann und sie stürmten zum Ausgang. Doch der war bereits verschüttet, bis auf eine winzige Luke. Da konnte sie Paul Johann durchschieben und mit aller Kraft auch noch Gottfried. Der schrie, da es ihm fast die Ohren abgerissen hätte. Aber Lisa kam nicht durch, so sehr sie sich auch quälte. Dann ein weiterer Erdstoß. Gesteinstrümmer flogen durch die Luft. Mit einem Mal war die Höhle vollkommen verschlossen. Kein Mucks drang da noch nach draußen. Kein Mensch würde hier jemals wieder reinkommen. Gottfried war ein hartes Leben gewöhnt, voller Entbehrungen. Aber das nicht. Es gab keine Hoffnung und er wünschte sich, von einem der Steine erschlagen zu werden. Das Beben ging noch lange. Immer wieder wurden Brocken in die Luft geschleudert. Gottfried lief dann hin, damit er getroffen werde. Daraus wurde aber nichts. Außerdem schrie

Paul Johann, um den er sich kümmern musste. Das hatte er der Mutter versprochen.[13]

Gottfried saß einfach nur da und heulte, wie das eben ein Junge seines Alters macht, wenn ihn keiner sieht. Und hier war niemand. Lange saß er so da. Es tat ihm gut. Und es führte dazu, dass langsam seine Kräfte wieder zurückkamen. Die konnte er nicht ignorieren, seine Kraft nicht und seinen tief in ihm ruhenden, unbändigen Willen zu leben. Wie das ging, hier in der Einöde, wusste er. Er wusste, was er tun musste, um durchzukommen. Dass er mit niemandem reden konnte, störte ihn nicht. Er hielt stumme Zwiesprache mit seiner Mutter. Und dann war da ja auch noch Paul Johann, der mehr als genug Spektakel machte.

18. Gottfried und Paul Johann brauchten jetzt vor allem eins, ein Dach über dem Kopf. Und wenn das Beben vorbei war, wie es schien, wäre eine Höhle das Beste, trotz allem. Bei den vielen Brocken, die hier herumgekugelt waren, müsste die sich finden lassen. Er tastete sich vorsichtig durch die Steine und hatte bald einen Eingang gefunden, der gut aussah. Der Innenraum war sehr groß und hatte offenbar das Beben ausgehalten. Hier wollte sich Gottfried einrichten. Nachdem er das Nötigste beisammen hatte, machte er sich auf einen Erkundungsgang. Paul

---

[13]Historisch dokumentierte Erdbeben im norddeutschen Raum gab es 1504 bei Aachen und 1612 um Bielefeld. In unserer Erzählung haben wir das Beben im Teutoburger Wald in das Jahr 1546 gelegt. Für 1540, 1552 und 1553 sind von Sachsen Erdbeben überliefert.

Johann legte er auf den Boden. Er konnte nichts für ihn tun. Die Höhle lief innen in einem nach oben führenden Gang aus. Den kletterte er hoch. Dann kamen noch ein großer Raum und nun wieder ein schmaler Gang. Es gab wenige Stellen, wo etwas Licht hereinbrach. Nachdem sich Gottfried durchgearbeitet hatte, kam noch ein Höhlenraum, der einen angenehmen Atem hatte, wie er fand. Er tastete sich nach vorne. Und dann stolperte er und fiel hin. Da lag etwas Weiches. Er griff mit den Händen danach. »Mein Gott im Himmel«, rief er laut. Das war seine Mutter, die da schwer atmete. Die Umarmung der beiden können wir hier nicht beschreiben. Gottfried verlieh es übernatürliche Kräfte. Er gab ihr erst etwas Wasser, das immer noch von der Decke tropfte. Dann nahm er sie auf den Arm und flog geradezu den ganzen Weg zurück. Nach einer Stunde waren sie bei Paul Johann. Für seine Mutter suchte er Beeren und Wurzeln, die man essen konnte. Lisa erholte sich zusehends.

Aber sie hatte keine Milch mehr und Paul Johann hatte nicht mehr viel zuzusetzen. Lisa presste aus einigen Wurzeln, die Gottfried herbeigeschafft hatte, eine milchähnliche Flüssigkeit, um sie Paul Johann einzuflößen. Gottfried musste ihre alte Höhle finden. Da hatten sie genug Vorräte. Nach zwei Tagen war er erfolgreich. Sie waren gerettet und würden über den Winter kommen. Lisa versuchte nun, möglichst viel zu essen und zu trinken, damit ihre Brüste wieder dicker wurden, bis sie tatsächlich Paul

Johann anlegen konnte. Der saugte wie besessen. Da waren sie aus dem Schneider.

Gottfried unternahm gelegentlich Streifzüge in die Umgebung, konnte aber lange keine Menschenseele ausmachen. Eines Tages war er länger weggeblieben. Vollkommen außer Atem kam er zurück. »Ein Grauen zieht über das Land«, brachte er hervor. Ein Dorf mit Toten und Sterbenden hatte er gesehen. Die Pest ging um und löschte ganze Landstriche aus. So beschlossen Lisa und Gottfried, den sie immer mehr zu Rate ziehen konnte, sich hier für eine lange Zeit einzurichten und sich abzuschotten.

»Ich erkläre dies hiermit zu Burg Wolkenstein über Tag und Nacht und übergebe Dir, Lisa Gräfin zu Wolkenstein von Gottes Gnaden, die Krone.« Damit überreichte Gottfried seiner Mutter einen aus Blumen und Kräutern geflochtenen Kranz, den er ihr ins Haar setzte. Sie klatschten alle beide und Paul Johann patschte seine Händchen auch zusammen.

Ein glückliches Leben.

Die Bewältigung des Alltages erforderte Lisas und Gottfrieds ganze Kraft. Es wurde ein richtiges Zuhause, das sie sich schufen. Für Gedanken, dies hier einmal aufzugeben, war kein Platz. Jedes Verlassen und Betreten der Burg unterwarfen sie strengen Vorsichtsmaßnahmen, um unter allen Umständen eine Entdeckung, durch wen auch immer, auszuschließen. Die Tarnung hatte Gottfried so angelegt: Man musste erst etwa zwanzig Meter an undurchdringlichem, dornigen Strauchwerk parallel vorbeilaufen, um dahinter dieselbe Strecke zurückzugehen und kam erst dann zum Eingang. Später hatte Gottfried ein ganzes Labyrinth angelegt

19. – *Mein Kopf wird immer häufiger von immer denselben Bildern heimgesucht. Da ist eine Moorlandschaft und überall schießen Würmer hervor, die Köpfe senkrecht nach oben, nicht dicker als der Hals, nur abgesetzt, sich drehend, Ausschau haltend. Und dazu geht mir durch den Sinn, dass die Dummheit ihre Ansprüche anmeldet und das Sagen hat. Es sind so viele, beharrlich sind sie. An einer Stelle untergetaucht, kommen zehn neue an einer anderen Stelle hervor. Ausgerechnet hier, im Morast des Teutoburger Waldes war es anders. –*

Gottfried war jetzt sechzehn Jahre alt und streifte viel durch den Wald. Eines Tages glaubte er seinen Augen nicht trauen zu können. Er sah, wie da ein Bauernmädchen rannte und rannte und rannte. Und dann brach sie zusammen. Sie konnte nicht mehr. Er lief hin. Sie hatte Angst. »Hast Du die Pest? Die haben alle die Pest und siechen dahin und ziehen uns alle mit ins Grab.« »Wir nicht«, sagte Gottfried. »Komm mit«, und er nahm sie mit nach Hause.

Lisa war entsetzt. »Willst Du uns alle umbringen?« »Sie hat nichts«, beschwichtigte Gottfried. Aber dann bildeten sich doch diese Beulen an ihrem Körper. Gottfried brachte sie in die hintere Höhle. Sie bekam schreckliche Angst. »Ich will noch nicht sterben. Ich will nicht sterben«, weinte sie. »Ich mache Dich wieder gesund, hörst Du? Ich werde Dich wieder gesund machen.« Er ging ganz dicht an sie heran, »und dann gehörst Du mir«, flüsterte er ihr ins Ohr. Er spürte ihren heißen Atem. Gottfried wich nicht von ihrer Seite und kümmerte sich rührend um sie. Klares, reines Trinkwasser hatten sie hier. Das war das Wichtigste. Nach zwei Wochen stellte sich tatsächlich ein Erfolg ein. In den Höhlen des Teutoburger Waldes hatten die Pestbakterien offenbar schlechte Karten.

»So, nun sag erst einmal, wie Du heißt.« »Veronika.« »Und weiter?« »Basel. Veronika Basel.« Sie bestand darauf, noch vier Wochen in der hinteren Höhle zu bleiben, damit sie sicher sein konnte, dass keine Gefahr mehr von ihr ausgeht. Sie hatte Paul Johann gesehen und wollte ihn auf keinen Fall anstecken. Aber dann kam sie mit nach vorn. »Also Veronika, willkommen in der Burg Wolkenstein über Tag und Nacht. Du bist nun hier die Baroness zu Wolkenstein und musst darauf achten, dass die Frau Lisa Gräfin zu Wolkenstein von Gottes Gnaden«, er zeigte auf seine Mutter, »alles hat, was sie braucht.« Veronika lächelte das erste Mal. Gottfried war hoffnungslos in sie verknallt. Eigentlich von Anfang an. Das hatte ihm die Kraft für seine ganze Pflege gegeben. Aber jetzt, wo er sie in ihrer ganzen, schönen, gesunden Gestalt sah, hatte sie ihn gänzlich verzaubert. Er konnte nicht anders. Gottfried nahm Veronika fest in die Arme und wollte sie gar nicht mehr loslassen. »Müssen wir da nicht erst die Frau Gräfin fragen?«, machte sich Veronika los. Die lächelte aber nur und war froh, dass diese Sache so gut abgegangen war.

»Ihr könnt hier tun und lassen, was ihr wollt«, sagte sie, »auch wenn Du noch ein halbes Kind bist. Gib mir mal den Paul« und sie stillte ihn. Es war die einzige Nahrung, die sie für den Kleinen hatte. »Euer Schlafzimmer ist die hintere Höhle. Entbindungen machen wir hier vorne, nicht wahr, Gottfried?« Der nickte. Und während Lisa noch stillte, schloss sie Veronika in ihre Arme. Die war ganz beseelt, wie der kleine Strampler gegen ihren Bauch boxte.

Schon für den kommenden Tag setzte Lisa die Vermählung an. Damit alles seine Richtigkeit hat, sagte sie. »Willst Du, mein Sohn, Gottfried Graf zu Wolkenstein, die neben Dir stehende Veronika Basel zur Ehefrau nehmen, so sprich, ja, ich will.« Er wollte. »Und willst auch Du, Veronika Basel den neben Dir stehenden Gottfried Graf zu Wolkenstein zum Ehemann nehmen, so sprich, ja ich will.« Sie wollte auch. »So erkläre ich Euch zu Mann und Frau.« Da war sie nun also eine Veronika Gräfin zu Wolkenstein geworden, das kleine wilde Bauernmädchen. »Und Paul Johann«, fragte Veronika. »Aber ja«, sagte Lisa, »mein kleiner Schatz. Auch Du bist hier natürlich Paul Johann Graf zu Wolkenstein.«

20. Liesa hatte im Hause ihres Vaters oft zugesehen, wie die Männer Feuer machten. Man brauchte dazu viel Ausdauer und Kraft. Zwei Hölzer wurden so lange heftig gegeneinander gerieben, bis bereitgelegtes trockenes Laub und Birkenrinde anfing zu brennen. Dann mussten schnell feine, trockene Zweige her, die die Flamme am Leben erhielten. Auch Veronika kannte das aus ihrem Dorf. Nun zeig mal, Gottfried, was Du kannst, ermunterten ihn die Frauen. Das war für alle eine große, lohnenswerte Aufgabe. Mit Feuer, das wäre ein Paradies, malten sie sich aus. Einmal hatten sie nach einem Blitzschlag gesehen, wie ein Stück Holz angefangen hatte zu brennen. Aber durch den nachfolgen Regen, war es schnell wieder aus. Und auf einen trockenen Blitz zu warten, das konnte lange dauern. Die drei machten sich also emsig an die Arbeit. Gottfried hatte schnell begriffen, worauf es ankam und rieb wie besessen mit seinen Hölzern bis seine Hände schon ganz wund waren. Und dann klappte es. Schnell Reisig herbei und nach und nach etwas größeres Holz. Und schon bald hatten sie eine richtige Feuerstelle, die sie wie ihren Augapfel hüteten.

21. *Maximilian klappte das Buch erst einmal zu. Wer hatte das eigentlich alles aufgeschrieben. Solange sie bei dem Prior war, bestimmt Lisa und dann vielleicht Veronika. Ob das alles wirklich so war. Maximilian entschloss sich, eine Expedition in den Teutoburger Wald auf die Beine zu stellen, wo sachkundige Männer nach den Höhlen suchen sollten, der vermeintlichen Burg Wolkenstein.*
Maximilian verfügte über genug Mittel, so dass er schnell eine geeignete Gruppe gefunden hatte. Er selbst war auch dabei. Nun hatte sich die Natur in den zurückliegenden fünfhundert Jahren zwar einiges einfallen lassen. Die Gesteinsformationen waren abereinigermaßen überschaubar, so dass sie nach gut einer Woche eine Höhle fanden,

die als 'Burg Wolkenstein' in Frage kam. Drei Höhlen mit Gängen mussten es sein. Und so war es. Ihre Anordnung war unverändert geblieben.

Nachdem sie sich durch das urwüchsige Strauchwerk hindurchgeschlagen hatten, öffnete sich eine geräumige Höhle, die auf die Darstellungen in der Ahnengeschichte passen konnte. Einige Utensilien waren da, Spuren mittelalterlicher Behausung. Und dann, richtig, der Gang und eine zweite Höhle. Hier gab es einen grausigen Fund. Da lagen drei Skelette in zerfallenen Lumpen, eine ältere Frau und zwei junge Männer, die sie hatten offenbar schützen wollen. Die drei waren eng zusammengekauert. Die Überreste von Paul Johann und Lisa lagen da. Aber wer war der Dritte. Vom Alter her konnte es Gottfried nicht sein. 1587 war ein mörderischer Winter über das Land gekommen, las Maximilian. Veronika und Gottfried hatten in ihrer glühenden Liebe der Kälte offenbar standhalten können. Oder waren sie vielleicht schon lange vorher weiter gezogen und irgendwo anders erfroren. Das konnte aber nicht sein, denn die Ahnengeschichte derer zu Wolkenstein ging ja weiter. Maximilian nahm sich den nächsten Band vor.

22. Es war ganz anders. Die Beziehung zwischen Gottfried und Veronika war eine Liebe wie aus dem Bilderbuch. Und es dauerte nicht lange, da schenkte sie ihm ein Kind. Lisa half bei der Entbindung und sie feierten die Geburt des kleinen Rudolf Graf zu Wolkenstein in ihrer Burg. So gingen die Jahre in familiärer Harmonie ins Land. Lisa hatte das Sagen. Und sie handhabte das so, dass sie erst ergründete, was denn Gottfried und Veronika wollten. Und das gab sie dann vor. »Wie Sie meinen, Frau Gräfin«, schmunzelten die beiden dazu.

Gottfried ließ es immer mehr keine Ruhe, dass da irgendwo im Thüringischen ihre Villa Wolkenstein steht und vielleicht von irgendwelchen Vandalen runtergewirtschaftet wird. Gleichgültig war das Lisa auch nicht. Und so entstand denn nach und nach der Plan, dass sich Gottfried und Veronika auf den Weg machen sollten.

Zunächst galt es, zwei geeignete Pferde zu beschaffen. Das war gar nicht so schwer, da nach den vergangenen Katastrophen viele Tiere herrenlos umherliefen.

Es wurde ein tränenreicher Abschied. Lisa gab Veronika noch Lenes Urkunde mit, die sie als Baronin zu Wolkenstein auswies.

Paul Johann und Rudolf blieben mit Lisa zurück, damit sie ausreichend Schutz vor Gefahren hatte, welcher Art auch immer die sein mochten. Lisa fieberte in Gedanken schon ihrem alten Zuhause entgegen. Im gestreckten Galopp sprengten die beiden davon. Sie sollten sich nie wiedersehen.

23. Wir schreiben inzwischen das Jahr 1580. Um Kontakt mit Menschen zu vermeiden, suchten Gottfried und Veronika am Tage tiefes Dickicht auf, versteckten sich darin mit den Pferden und setzten ihren Weg immer erst nach Einbruch der Dunkelheit fort. Veronika war aus einer höllischen Angst vor diesen Bauern ständig auf der Hut. Sie hatten beide gute Augen, entwickelten ein Gespür dafür, auf keinen Fal jemandem zu begegnen und nahmen dazu mitunter gewaltige Umwege ihrer Route in Kauf, die ohnehin unsicher genug war. Nur Lisas Beschreibung hatten sie und die ungefähre Himmelsrichtung Süd-West. Eines Abends nahm Veronika Gottfried beiseite. »Dein unermüdlicher Fleiß, mein lieber Gottfried, soll noch einmal belohnt werden.« Der sah sie fragend an »Hast Du wirklich gedacht, ich sei schon zu alt dafür?« Und dann machte sie einen Luftsprung. »Ich kriege ein Kind. Ich kriege ein Kind. Und wenn es nicht der Heilige Geist war, kommst nur Du infrage.« Nun nahm sie eine Richterpose an. »Angeklagter Gottfried zu Wolkenstein, hiermit werden Sie der Vaterschaft für verantwortlich erklärt. Ich verurteile Sie zu einer wohlbemessenen Unterhaltzahlung und zur Fürsorgepflicht für die heilige Veronika.« Und sie versuchten, so gut es ging, eine kleine Feier zu zelebrieren. Brombeeren und Pilze gab sie hier im Übermaß. Sogar ein paar Blumen hatte Veronika gefunden.

»Wir müssen jetzt so schnell wie möglich diese vermaledeite Villa Wolkenstein finden«, kam Gottfried auf den Boden der Realität zurück.
Nach entbehrungsreichen weiteren zehn Tagen sahen sie von weitem ein größeres Haus, das infrage kommen konnte. Die Bauern, denen sie bei den ersten Häusern der Gemeinde begegneten, schienen ganz zugänglich. Gottfried und Veronika konnten ihre Abschottung aufgeben. Sie führten nun ihre Pferde und gingen selbst barfuß, den Anschein von Pilgern erweckend. Dann konnten sie es lesen. 'Pfarrei Wolkenstein' stand über dem Eingangsportal und sie sahen die aus Marmor gestaltete übergroße Nachbildung der Zwölf Kreuzer Münze. Das musste es sein. Ihre 'Villa' war übermalt und durch 'Pfarrei' ersetzt worden. Wenn man genau hinsah, war das noch zu erkennen.

24. Sie läuteten. Pastor Wohlraabe öffnete, erkannte Pilger in ihnen und hieß sie willkommen. Als erstes erbaten sie Wasser für ihre Pferde, die armen Tiere, die sie wegen ihrer Erschöpfung nur noch hatten führen können. Dann erst fragten sie nach einem Nachtlager. »Und vielleicht eine Scheibe Brot und etwas Wasser für meine Frau«, fügte Gottfried leise hinzu. Wohlraabe war beeindruckt.
Er führte sie in ein einfaches, mit Tisch und Stühlen und einem Sofa ausgestattetes Esszimmer mit alten, ausgedienten Wandteppichen, das offenbar schon lange unbenutzt geblieben war.
Hier könnten sie durchaus ein paar Tagen bleiben, bis sie wieder zu Kräften gekommen wären. Auf

dem Hof sei Wasser. Sie sollten sich frisch machen und seien dann nach dem Gottesdienst zu einem Vesperbrot eingeladen. Die beiden dankten unter Tränen. Sie waren tatsächlich am Ende.

Wohlraabe hatte kaum die Tür hinter sich zugemacht, da ging Gottfried zu der Stelle mit dem verschlissenen alten Wandteppich und griff unter die Diele. Der Schlüssel. Gottfried war wie elektrisiert. Seine Mutter hatte ihm nur ganz nebenher ein einziges Mal davon erzählt, dass sie früher viel Geld gehabt hätten, verborgen hinter diesem Wandteppich. Das sei nun alles ausgeplündert und es hätte keinen Sinn, dem nachzutrauern, hatte sie hinzugefügt. »Wir müssen mit dem leben, was wir haben. Das Wichtigste in meinem Leben bist Du« und sie hatte ihn in den Arm genommen, »und Dir wird es später einmal ebenso gehen.«

Veronika hatte keine Ahnung und kam aus dem Staunen nicht heraus, dass Gottfried auf einmal so energiegeladen war und voller Kraft und Spannung, nach all den Strapazen, die sie doch nur mit Mühe überlebt hatten.

Gottfried klopfte den Staub von ihren Kleidern, ging mit Veronika runter zu der Wasserstelle, wo sie sich frisch machten. Und dann war es auch schon Zeit zum Gottesdienst. Den mussten sie überstehen. Dann gab es was zu essen.

Wohlraabe zeigte sich sehr freigiebig, ein echter Christenmensch eben, brachte die beiden noch auf ihr Zimmer und überließ sie dann ihrer wohlverdienten Ruhe. Ob sie vielleicht auf einem der Wandteppiche schlafen dürften, hatte

Gottfried noch gefragt. Sie würden ihn morgen auch wieder sorgfältig anbringen. »Aber ja«, hatte Wohlraabe dem zugestimmt, sie sollten sich ein ordentliches Nachtlager herrichten. Durch die Mahlzeit beim Pfarrer waren auch Veronikas Lebensgeister wieder erwacht. Sie nahm Gottfried an beiden Händen. »Was ist los Gottfried. Du bist ja wie ausgewechselt. Darf ich es nicht wissen?« »Komm, hilf mir erst einmal, den Teppich abzunehmen«, sagte er nur. Dann legten sie sich beide hin. Er nahm sie fest in seine Arme und flüsterte ihr die ganze Geschichte ins Ohr. »Ich werde es nachher Gerhard erzählen, in was für eine vornehme Gesellschaft er da kommt«, sagte sie nur, und sie schliefen glücklich ein.

25. Noch etliche Male waren Gottfried und Veronika nach der Abendandacht bei Wohlraabe zu Tisch gewesen. Und sie wohnten in dem besagten Zimmer und noch nie hatte Wohlraabe auch nur geringste Andeutungen gemacht, dass es ihm nun zu viel würde. Er mochte diese jungen Leute.

»Aber wie geht es nun weiter?«, fragte Veronika. Eines Morgens war Gottfried an den Tresor gegangen und hatte eine große Anzahl von Gulden entnommen. »Wir müssen jetzt zum Pfarrer«, bestimmte er, ohne dass Veronika wusste, was er vorhatte.

Gottfried hatte angefragt, ob der Herr Pfarrer Zeit für sie habe und sie waren runter gegangen in seinen Arbeitsraum, wo er an seinen Predigten arbeitete. Was kann ich für Euch tun, empfing er die beiden.

»Herr Pfarrer«, begann Gottfried, »wir wollen nun unsere Maskerade beenden.« Wohlraabe sah erstaunt auf. »Sehen Sie diese Urkunde. Die gehört unserer Großmutter Lene Baronin zu Wolkenstein, die hier in der Villa gelebt hat. Und diese junge Dame hier, meine Gemahlin, ist Veronika Gräfin zu Wolkenstein.«

»Aber, aber«, ließ nun der Pfarrer seinem Zweifel freien Lauf. »Da seid Ihr wohl doch bloß zwei Schwindler, die mich reingelegt haben?«

»Nein, nein, Herr Pfarrer«, sehen Sie das. Und Veronika öffnete ihr Amulett, aus dem sie die Zwölf Kreuzer Münze herausnahm und sie dem Pfarrer zeigte. Der nahm sie in die Hand. »Zwölf Kreuzer«, sagte er ungläubig und traute seinen Augen nicht. »Zwölf Kreuzer, nein, eine Zwölf Kreuzer Münze, die gibt es also doch. Aber das ist doch genau die Münze, die wir in Marmor über dem Portal haben. Aber das ist doch, nein so was. Da seid Ihr tatsächlich eine Gräfin zu Wolkenstein. Und er nahm Veronikas Hand und macht so etwas wie einen Kratzfuß.«

»Aber nicht doch, Herr Pfarrer«, sagte Gottfried. »Herr Wohlraabe, meine Frau erwartet in vielleicht sieben Monaten ein Kind. Und da wollen wir wieder hier wohnen, wo schon unsere Großmutter gewohnt hat.« Der Pfarrer sah betrübt zu Boden, da sie ihn ja wohl nun rausschmeißen würden. »Und Sie, Herr Wohlraabe, Sie sollen sich hier ein eigenes Pfarramt bauen.« Und Gottfried holte einen Beutel hervor. »Hier sind hundert Gulden« und er schichtete die Münzen stapelweise, dass man sie schnell zählen konnte.

»Damit Sie gut ausgeschlafen sind, wenn sie unser Kind taufen«, ergänzte Gottfried noch.

Wolraabe wurde nun gar nicht mehr. »Hundert, ..., hundert«, wiederholte er ein paar Mal ungläubig. »Hundert silberne Gulden. Das ist ja, nein, so was, ja wie denn, ja wo denn, das ist doch, das geht doch gar nicht, hundert silberne Gulden.« Er nahm einen davon in die Hand und schlug ihn gegen seinen Kopf, damit er sicher war, dass er auch wache. »Nein so was, nein so was«, sagte er immer wieder, bis er es endlich begriffen hatte und wieder ganz der alte war. »Da werden Hochwohlgeboren doch ein Schlückchen mit mir darauf trinken, dass wir es besiegeln. Oder will der Adel doch noch eine Bedenkzeit.« »Nur zu«, sagte Gottfried. »Im Keller müsste noch ein Châteauneuf-du-Pape stehen. Der soll es sein. Für Sie und für mich, nicht für meine Frau. Sie wissen, das Baby.« Der Pfarrer fand die Flasche und staunte noch einmal und es wurde ein wunderbarer Abend. Wo der nur die ganzen Gulden her hatte, ging es Wohlraabe aber doch durch den Kopf, als er zu Bett ging. Die hatten doch nichts auf dem Leib, als sie hier ankamen. Und dann hatte er noch einen in den Opferstock getan. So viel kommt sonst in drei Jahren nicht zusammen. »Hundert Gulden, nein, so was«, murmelte er immer wieder vor sich hin.

26. Über dem Portal stand nun wieder 'Villa Wolkenstein'. Die Frau Gräfin ist wieder da. Die Frau Gräfin ist wieder da, ging es wie ein Lauffeuer durch die Gemeinde. Alte Geschichten wurden erzählt. Und wo die Erinnerung Lücken hatte, wurde die Phantasie erfinderisch. Aber es kamen auch Bedenken auf. Wenn ihr die Villa gehört, dann gehört ihr auch das Land. Und wir haben ewig keine Pacht bezahlt.

Sie taten sich zusammen und überbrachten schließlich mit des Pfarrers Hilfe eine Petition. Darin wurden Euer Gnaden Gottfried und Veronika Grafen zu Wolkenstein untertänigst ersucht, keine rückwirkende Pacht zu erheben. Sie, die Bauern, würden sich aber glücklich schätzen, ab sofort ihre Abgaben pünktlich zu erbringen. Auch möge sich Euer Gnaden zusätzliche Dienste an Ihrer Villa ausdenken, Reparaturen, Instandsetzungen, die sie unverzüglich durchführen werden. Die Unterwürfigkeit trieb ihre Blüten.

»Haben Sie denen das eingeredet, Herr Pfarrer?«, fragte nun Gottfried. »Das konnten doch nur Sie schreiben.« »Das ist zwar richtig. Aber die sind zu mir gekommen. Diese Bauern brauchen etwas, woran sie sich festhalten können. Ich kann ihnen nur den Lieben Gott bieten. Das ist zu allgemein. Aber Sie, Frau Gräfin und Sie, Herr Graf, mit Ihnen können die etwas anfangen. Es ist ganz wichtig, dass Sie das alles in Anspruch nehmen. Nur so bekommt die Gemeinde hier eine stabile Struktur.«

Ob sie nun wollten oder nicht, Gottfried und Veronika waren Feudalherren geworden. Sie wussten beide, wie es vor einem halben Jahrhundert dem Ludwig Elmar zu Wolkenstein ergangen war. Die gleichen Bauern, die hier ihre Dienste und Abgaben freiwillig erbringen wollten, hatten den Baron damals gehängt. Sie mussten umsichtig sein und hinhören, was die Bauern sagten und was sie bewegt. Zu großzügig durften sie aber auch nicht sein, sonst würden sie sich die benachbarten Grafschaften zu Feinden machen. Da war es in unseren Höhlen einfacher, dachten sie an Lisa, Paul Johann und Rudolf. Wenn unser Gerhard auf der Welt ist, sagte Gottfried, reite ich hin und hole sie her. Das war eine ausgemachte Sache.

27. Für das neue Pfarramt waren die Bauarbeiten angelaufen und gingen nun zügig voran. Gottfried hatte noch einmal einige Gulden für Ausbesserungen in der Kirche gegeben. Die Adelssitze erhielten kunstvolle Schnitzarbeiten und für die Holzbänke der Bauern wurden Sitzkissen angeschafft. Das kam gut an.
Es hatte sich bald herumgesprochen, dass die Gräfin ein Kind bekommt. Und als es dann so weit war, überschlugen sich alle mit Glückwünschen und Geschenken. Sehr schöne Gaben waren dabei, von den Frauen gehäkelte Sachen für den kleinen Gerhard. Der war gesund und versprach, gut zu gedeihen. Veronika hatte zwei Bäuerinnen, die ihr zur Hand gingen.
Gottfried konnte an seine Unternehmung denken. Er rüstete langsam für den langen Weg. Als erstes kaufte er ein robustes Pferd. Und Geld brauchte er für den Weg. Daran mangelte es zum Glück nicht. Dort musste er drei Pferde erwerben. Er kannte ja die Strecke. Eine Woche hin und eine Woche zurück. Nach gut vierzehn-Tagen konnten sie alle zusammen da sein. Gottfried fühlte sich bei bester Gesundheit. Er

versorgte sich noch mit Proviant, sagte Frau und Kind adieu und ritt los. So eine große Sache war es ja nicht.

Veronika sah mit Spannung der Ankunft ihrer Familie entgegen. Vor allem freute sie sich natürlich auf Rudolf. Wie er jetzt wohl aussehen mochte. Ihre Tage waren ausgefüllt mit der Fürsorge um Gerhard und abends träumte sie von Gottfried und Rudolf.

Die zwei Wochen waren schnell um und sie konnten nun jeden Tag kommen. Sie kamen aber nicht, nicht nach drei Wochen und auch nicht nach vier Wochen. Veronika wurde von schrecklichen Ängsten heimgesucht. Ihre Milch blieb weg und schließlich mussten die beiden Bauersfrauen die ganze Pflege für Gerhard übernehmen. Als Gottfried auch nach einem Vierteljahr noch nicht zurück war, senkte sich eine furchtbare Gewissheit über die Villa Wolkenstein. Sie würde Gottfried nie wieder sehen. Ihr ganzes schöne Leben war dahin. Wenn Gerhard nicht gewesen wäre, sie hätte Schluss gemacht mit dieser Welt. Aber so. Ungläubig sah sie, wie der Kleine vor Lebensfreude sprühte. Veronika hatte dunkle Ränder unter den Augen. Ihre Tränen hatten tiefe Furchen in ihr Gesicht gezogen. Sie ging nur noch ganz in schwarz. Die schwarze Gräfin hieß sie nur noch. Pfarrer Wohlraabe setzte seine ganze Kraft ein, Veronika beizustehen. Was er aber auch sagte, seine Worte, Veronika hörte sie nicht. Sie ging viel in die Kirche und setzte sich dort immer auf eine der Bänke zu den Bauern. Manchmal sah man, wie eine Bäuerin ihr die

Hand drückte. Das war die einzige Anteilnahme, die sie annahm.

Was mit Gottfried geschehen war. Wir wissen es nicht. War er einer Krankheit zum Opfer gefallen, der Pest vielleicht, die immer wieder aufflackerte. Oder war er überfallen, erschlagen und ausgeraubt worden. Es gab nie wieder ein Zeichen von ihm.

28. Veronika war in wenigen Wochen um Jahre gealtert. Die Villa verließ sie nur noch zur Andacht. Wohlraabe hatte die Idee, Veronika solle ihre Familiengeschichte aufschreiben, alles. Bei dieser Verarbeitung würde sie vielleicht auch wieder etwas innere Stabilität erlangen, war sein Gedanke, mit dem er nicht ganz falsch lag.

Veronika ließ eine komplette Nachbildung der Zwölf Kreuzer Münze aus ihrem Amulett anfertigen und bat den Pfarrer, diese in den Deckel des Buches, das er ihr zum Schreiben gegeben hatte, einzuarbeiten. Gleich auf der Rückseite des Deckels skizzierte sie die Gemarkung ihres Anwesens, das alte Lehen des Ludwig Elmar Baron zu Wolkenstein, frei aus dem Gedächtnis. Veronika verbrachte nun die meiste Zeit in dem bewussten kleinen Zimmer mit den Wandteppichen. Hier war sie Gottfried am nächsten. Und sie hatte alles, was sie brauchte. Sie nahm 'ihren' Teppich von der Wand zum Schlafen und sie hatte Tisch und Stuhl. Gerhards Pflege lag nun ganz in der Hand der Bäuerin Lena. Da war er gut aufgehoben. Aber Veronika sah nach ihm. War er doch ein Teil von Gottfried, das einzige, was ihr von ihm geblieben war.

Aber in ihren Nächten braute sich was zusammen, wenn der Geist seine Kontrolle über sie abgegeben hatte. Veronika wurde von wilden Trieben erfasst. Und sie erwachte davon und hatte Gottfried ganz vergessen. Es verlieh ihr ein wohliges Streben. Jede Nacht war das so und jeden Tag. Sie musste es tun, um nicht zu verzweifeln. Veronika fragte Wohlraabe, ob er

ihr nicht in den frühen Morgenstunden, wenn die Bediensteten noch schliefen, einen Tee bringen könnte. Sie hatte nicht abgeschlossen. Er kam rein und sie war nur ganz durchsichtig bekleidet. Der Pfarrer wusste, was die Stunde geschlagen hatte und wollte noch zur Tür. Aber da hatte sie ihn schon umschlungen und zog ihn auf den Teppich.

»Wenn es der Frau Gräfin recht ist«, sagte Wohlraabe, als er ging, »bringe ich morgen früh wieder einen Tee.«

Was sollte sie machen. Anders konnte sie Gottfried nicht zurückdrängen. Veronika setzte sich an den Tisch und schrieb. Das war ihre Beichte. Sie schrieb alles auf. Alles. –

Jetzt wusste er es. »*Das hatte also alles Veronika geschrieben*«, *sagte Maximilian vor sich hin. Wie alt die geworden ist. Das geht ja bis in den Dreißigjährigen Krieg hinein. Und einen Lebenswandel offenbarte sie da. Und angeblich alles, um nicht in ihrer Umklammerung durch Gottfried zugrunde zu gehen. Die Sünde aus zerbrochener Liebe, weil sie nicht von dieser Welt gehen durfte, weiterleben musste für Gerhard, für das Gut, von dem alle abhingen. Maximilian schüttelte ungläubig den Kopf und las weiter. –*

Veronika ging nun nicht mehr nur noch in schwarz. Und sie nahm auch wieder einmal ein Pferd und trabte damit über das Land. Sie sprach mit den Bauern und vereinbarte Termine für ihre Abgaben. Besonders hoch zu Ross war sie attraktiv und verführerisch. »Wir sind doch alle eine große Familie«, nickte sie mitunter dem einen oder andern Bauern zu, die immer sehr freundlich erwiderten und gerne zu ihr kamen.

Gerhard war vielleicht der einzige, der von dem zügellosen Leben seiner Mutter keine Ahnung hatte. Es war immer auf demselben Teppich, den sie so liebte. Darüber geredet hat keiner auch nur ein einziges Wort. Als Veronika im hohen Alter starb, war Gerhard von der großen Anteilnahme überrascht, die ihr entgegengebracht wurde. Sie hatte das Gut Wolkenstein zur Blüte gebracht, zu einem Wohlstand, an dem alle teilhatten. Geliebt aber hatte sie nur Gottfried.

29. Gleich zu Beginn der kriegerischen Auseinandersetzungen, die sich in der ersten Hälfte des siebzehnten Jahrhunderts über drei Jahrzehnte hinziehen sollten, hatte Veronika das Wort 'Villa' über dem Portal ersetzt, so dass da nun 'Kloster Wolkenstein' zu lesen war. Sie hoffte damit etwas Zurückhaltung zu erreichen.

Damit war aber nicht zu rechnen. Die Berichte, die von allen Seiten eintrafen, waren grauenhaft. Um nicht zwischen die Fronten zu geraten, ergriff Gerhard die Flucht, kaum dass seine Mutter unter der Erde war. Er räumte den Tresor aus, silberne Gulden und goldene Taler waren da drin. Die hatte er noch gar nicht gesehen. Der alte Baron, der Ludwig Elmar, hatte doch einiges aus seinen Bauern herausgepresst. Nein, so wollte er es nicht machen. Aber er nahm sie doch, die Münzen. Blut war daran nicht zu sehen, schöne blanke Taler. Dann nahm er den Adelsbrief seiner Urgroßmutter Lene an sich und fand zu seiner großen Überraschung eine

kunstvolle Urkunde über seinen eigenen Adels-
stand. Wie seine Mutter das gemacht hatte,
blieb ihm unklar. Ein paar Tage war da schon
mal so ein hohes Tier bei ihnen ein- und aus-
gegangen. Aber was das damit zu tun hatte.
Ein richtiges Siegel und hier stand nun
Gerhard Graf zu Wolkenstein, unabweisbar.
Und das schöne Amulett mit der Zwölf Kreuzer
Münze nahm er an sich.

Gerhard schlug die Richtung streng nach Süden
ein, in die Berge. Da erhoffte er den besten
Schutz. Er galoppierte, was das Zeug herhielt,
immer die Angst im Nacken, dass ihm dasselbe
Schicksal wie seinem Vater widerfahren könnte.
Er kam zügig voran, suchte immer die Nähe
größerer Ansiedlungen, Städte und Dörfer, wo
er sich verhalten großzügig für Kost und Logis
und die Versorgung seines Pferdes zeigte.

Er überquerte die Alpen und kam schließlich bis
nach Südtirol. Und da erwartete ihn eine Über-
raschung. Hier gab es wirklich eine Gemeinde
Wolkenstein. Er quartierte sich ein und erkundete
die Möglichkeiten, ob er ein Anwesen erwerben
könne. Als er sich als Graf zu Wolkenstein
ausweisen konnte und dazu erklärte, dass seine
Villa in Thüringen diesen Namen trage, er aber
vor dem Krieg habe fliehen müssen, war das In-
teresse an ihm groß. Und als er noch sofort
und in bar bezahlte, war er endgültig willkom-
men. Zur Besiegelung des Kaufvertrages gab
er ein kleines Fest für das ganze Dorf. Und
die Gemeinde war ordentlich stolz, dass sie nun
einen richtigen Grafen hatten.

Und unverheiratet war er auch. Natürlich gab es genug attraktive junge Mädchen, die um ihn wetteiferten. Gerhard hatte aber von Wohlraabe Gottesfurcht mit auf den Weg bekommen. Das Schicksal hatte ihn mit Gold und Silber überhäuft. Er hätte nun auch noch groß einheiraten können. Aber Gerhard hielt sich zurück. Er freundete sich mit der jungen Witwe Marie an, Marie Wehlmann. Ihr Mann war vor zwei Jahren bei einem Steinschlag ums Leben gekommen. Die Schulden auf ihrem Anwesen waren lange noch nicht bezahlt. So musste sie es weggeben und sich als Magd bei einem Milchbauern verdingen, für ihren blanken Lebensunterhalt. Eltern hatte sie keine mehr.

Marie war eher abweisend, wenn Gerhard zu ihr kam und das Gespräch suchte, da sie dachte, dass er auf ein billiges Abenteuer aus war. Aber Gerhard hatte diese junge Frau in sein Herz geschlossen, wie sie mit den schweren Milchkannen hantierte, die Tränke für die Kühe füllte und ihnen die Heuballen zuwarf. Sie verkörperte das Leben, wie er es mochte.

30. Wie viele Kühe sie denn versorgen könne, fragte er sie gerade heraus und wie viel Weide man dafür brauche. »Will er mich in seine Dienste nehmen, dass ich seinen Hof führe.« So unerfahren wie Gerhard im Umgang mit Frauen war, sagte er nun gerade heraus, dass er sie zur Frau nehmen wolle. Da musste sich die Marie doch erst einmal hinsetzen. »Weiß er denn, was er da sagt, der Herr Graf. So was sagt man nicht so einfach dahin. Da hört der Herrgott zu und führt ein strenges Gericht, wer darüber seine Witze macht.« »Nein, er mache keine Witze. Nun sag schon, wie viele Kühe kannst Du versorgen.« »Das wäre ja dann ganz anders, die Kühe und einen Mann dazu. Oder will er mit anfassen.« So ging das hin und her. Bis Marie merkte, dass es ihm ernst war. »Ei, dann wäre ich ja eine Frau Gräfin und darf ja gar keine Kühe mehr melken. Das geht nicht.« »Papperlapapp«, sagte Gerhard, der nun Oberwasser bekam. »Wir machen das, wie wir wollen.«

So unbeholfen, wie er mit ihr umging, da hatte sie ihn bald in ihr Herz geschlossen und sie wurden ein Paar. Das ganze Dorf war aus den Fugen geraten. Nachdem der Pfarrer den beiden für den heiligen Bund der Ehe seinen Segen gegeben hatte, feierten sie ein großes Fest.

Gerhard kaufte Maries Häuschen zurück, eine Scheune war dabei und Platz für Kühe. »Und nun noch etwas Weidefläche«, machte Marie spaßhaft bitte, bitte. »Dann können wir leben wie der Liebe Gott in Frankreich.« »Wie lebt denn der?«, wollte Gerhard nun wissen. »Na, wie ein Bauer in Tirol.« Das sah er ein und machte alles, was sie wollte.

Währenddessen tobte jenseits der Alpen der Dreißigjährige Krieg. Das 'Kloster Wolkenstein' wurde dem Erdboden gleich gemacht. Nur im Keller des Pfarramtes webten Spinnen ihre Netze um eine Ahnengeschichte, wie sie Veronika aufgeschrieben hatte.

31. Gerhard gefiel sein neues Leben und er war im Grunde froh, dass er das 'Kloster Wolkenstein' hinter sich gelassen hatte. Wir wollen nur das machen, was wir alleine machen können, Marie. Ich will keine Angestellten sehen, das ganze Theater mit Bediensteten will ich nicht.

»Nein, weißt Du, Gerhard, dann hätte ich Dich doch nicht genommen. Ich dachte, wenn Frau Gräfin früh die Äuglein aufschlägt, dann hat James schon die Pantöffelchen in der Hand, damit ihre adligen Füßchen hineinschlüpfen können und Tommy hält den Morgenmantel bereit, damit sich Frau Gräfin auf dem Weg in das Badezimmer kein Hüstelchen holt. Sammy hat schon die Holzscheite angezündet, damit es im Badeofen gemütlich knistert. Harry lässt das Badewasser ein. Und Frau Gräfin kann mit ihrem entzückenden Köpfchen huldvoll nicken.«

»Wenn Du willst, lasse ich hier einen kleinen See anlegen. Wenn er nicht zugefroren ist, kann die Frau Gräfin da jeden Morgen ihr entzückendes Popochen eintauchen. Die Kühe muhen vor Begeisterung und ich gehe inzwischen zum Bäcker. Und bevor die Sonne hinter den Bergen hochkommt, haben wir schon gefrühstückt. Und dann geht es an die Arbeit, dass wir am Abend die Glieder ordentlich spüren, die uns der Herrgott geschenkt hat.« »So machen wir das«, stimmte Marie ein. »Aber machen Sie mir bloß nicht schlapp, Herr Graf.« Er schloss sie so fest ein in seine kräftigen Arme, dass sie sich nicht mehr rühren konnte. »Hilfe, Hilfe«, schrie sie.

»Ich nehme das mit dem schlapp machen zurück.«
Gerhard nutzte eine natürlich Senke auf ihrem
Gelände, vertiefte die noch etwas und ließ Lehm
anfahren, mit dem er das Ganze auskleidete.
Da brauchte nun nur noch der Regen zu kom-
men und fertig war Maries kleiner Badesee. Und
Marie tauchte da jeden Morgen hinein und die
Kühe muhten dazu.
Bei so viel Liebe konnte es nicht ausbleiben,
dass Marie schwanger wurde. Sie schenkte ihm
ein Töchterchen, Sahra Gräfin zu Wolkenstein.
Glückliche Jahre gingen dahin.

32. »Die Wege des Herrn sind unergründlich.«[14]
Es war an einem strahlenden Sonntag Mor-
gen. Marie hatte sich nur den Bademantel über-
geworfen und tropfte noch ein bisschen, und sie
setzte sich mit einem tiefen Gefühl des Glückes
an den Frühstückstisch, den Gerhard hergerich-
tet hatte. Zwei schöne Gedecke waren das, pas-
send zu ihren strahlenden Gesichtern. Aber wie
er ihr den Tee einschenken wollte, lag die Kanne
auf einmal zerbrochen an der Erde. Marie sprang
gleich auf, wischte alles weg und beseitigte die
Scherben. »Milch ist sowieso gesünder«, sagte
sie. »Das war ein Fingerzeig, Gerhard. Scherben
bringen Glück.« Aber Gerhard blieb nachdenk-
lich und war für einen Augenblick von einer dun-
klen Ahnung befallen. Er nahm Marie beiseite
und sagte, »Du sollst nun unser Familienwappen
tragen« und gab ihr das Amulett mit der Zwölf
Kreuzer Münze.

---

[14]Römer 11,33.

Er war mit der Kanne nirgends hängen geblieben. Er hatte sie auf einmal nur nicht mehr in der Hand. Das Gefühl war weggeblieben. Einfach so. Und es schien ihm, als ob da eine Veränderung war, aber nicht der Rede wert. Und da sich die Geschichte nicht wiederholte, war sie bald zugedeckt von den Aktivitäten der Tage — und der Nächte. So schnell lässt sich das Glück nicht unterkriegen.

Bis zu diesem Samstag Abend. Gerhard sollte aus dem Heu schon lange zurück sein. Er kam aber nicht und war auch nirgends zu sehen. Marie wollte Sahra nicht allein lassen. Der Bauer Schuster, ihr Nachbar, sah sie ständig Ausschau halten und bot sich an, nach Gerhard zu sehen. Zusammen mit seinem Sohn machte er sich auf den Weg.

Lange nach Einbruch der Dunkelheit kamen sie zurück, Gerhard mühsam stützend. Er war nirgends verletzt, konnte aber nicht laufen. Die Beine versagten ihm den Dienst. Auch die Hoffnung auf den nächsten Tag erfüllte sich nicht. Es trat keine Besserung ein. Aus heutiger Sicht würden wir an die multiple Sklerose denken, eine besonders verheerende Ausprägung dieser unheilbaren Krankheit, von der Gerhard befallen war. Von heute auf morgen war ihr wunderbares Leben total verändert. Allein konnte Marie das Anwesen nicht halten. Den Grund verkaufte sie und behielt nur das Haus und eine Kuh, die mit auf die Weide durfte, die sie abgegeben hatte.

Marie war nicht der Mensch, mit dem Schicksal zu hadern. Sie hatte mit Gerhard eine wundervolle Zeit gehabt. Er hatte ihr Leben für immer verzaubert. Jetzt war sie für ihn da. Alles, was sie für ihn tun konnte, machte sie mit ihrer ganzen Seele, aus ihrer grenzenlosen Liebe wie von selbst. Und sie wollte alles versuchen, dass Gerhard von seinem Leiden befreit wird. Sie war so fest davon überzeugt, dass es irgendwo auf dieser Welt einen Medizin-Heiligen geben musste, der Gerhard wieder gesund macht. Sie schickte Boten in die ganze Welt. Von weit her kamen sie, die Gelehrten. Es war bekannt geworden, dass sie Geld hatte. Hohe Spesen verlangten sie und die Honorare dazu und teure Prozeduren. Alles ohne den geringsten Erfolg. Im Gegenteil, Gerhards Pflege gestaltete sich immer aufwendiger. Immer neue Dinge ließ sich Marie für ihn einfallen, um es ihm erträglich zu machen. Und wenn sie wieder als Magd gehen müsste, sie gab keine Ruhe, ihn zu umsorgen. Marie, sagte er eines Tages, als er noch sprechen konnte, das ist ja nun noch schöner als früher. Sie waren beide glücklich.

Doch die Krankheit nahm ihren unerbittlichen Verlauf. Eines Morgens machte Gerhard keinen Atemzug mehr. Anteilnahmen wurden Marie und ihrer Tochter im Übermaß zuteil. Die Beisetzung wollten sie aber nur unter sich in aller Stille haben. Nur Marie, Sahra und die Kuh standen am Grab von Gerhard und weinten, während der Pastor einige salbungsvolle Worte sprach. So etwas hatte er noch nicht erlebt. Es war eine bescheidene Grabstelle. Alles Geld war verbraucht.

33. So sehr Sahra ihren Vater geliebt und er sie umsorgt hatte, jetzt, wo er nicht mehr war, blühte sie erst richtig auf. Vielleicht war es ja auch nur das Alter, in das sie nun gekommen war. Kein junger Bursche im Dorf, der sich nicht nach ihr umdrehte. Dabei musste sie mit ihren fünfzehn Jahren hart arbeiten, zusammen mit ihrer Mutter. Marie hatte bei ihrem alten Milch-bauern angefragt, ob er ihre Dienste wieder ge-brauchen konnte. Der machte das gern, da er sich an sie als sehr tüchtig und rechtschaffen erinnerte. Der Bauer hatte nun noch mehr Kühe als früher. Sahra versorgte die Wirtschaft zu Hause und sah auch mal bei ihrer Mutter mit vorbei. Da hielt sie sich dann meist bei den Pfer-den auf. Ob sie denn auch einmal darauf reiten dürfe, fragte sie den Bauern. Der stimmte zu und sah es mit Wohlgefallen, wie geschickt sie sich dabei anstellte. So kamen die beiden Frauen gut zurecht, da sie ja eine eigene Behausung und sogar eine Kuh hatten und hier nur dazu-verdienen mussten.

Dem Michael vom Großbauern Heine ging die Sahra nicht aus dem Kopf. Ob sie nicht einmal zusammen tanzen gehen wollen, sprach er sie an. Sie war zurückhaltend. Er solle ihr lieber mal die Pferde zeigen, die sie doch bestimmt hatten. Sie hätte einen beliebigen Wunsch äußern kön-nen. Er brannte nur darauf, irgendetwas für sie zu tun. Ein rabenschwarzer Rappe stand da. Sahra war fasziniert. Mit dem würde sie gerne mal ein paar Schritte gehen. Aber ja. Er holte ihn aus dem Stall. Sahra schwang sich drauf und sprengte davon, als wenn sie auf dem Pferd zur Welt gekommen wäre. Als sie nach einer halben Stunde zurückkam und dann wieder auf der Erde Stand, schmusten die beiden richtig, der Rappe und Sahra und konnten gar nicht voneinander lassen. »Da wird man ja richtig eifersüchtig«, mischte sich Michael ein. Sie lachte nur, küsste ihn flüchtig auf die Wange, überließ ihm das Pferd und ging nach Hause.

»Ich muss die Sahra haben«, sagte Michael am Abend zu seinem Vater. »So eine Frau gibt es nicht noch einmal hier im Tal.« »Die mit der erbärmlichen Hütte, von der verarmten Frau Gräfin die Tochter?«, fragte der Großbauer. »Du wirst vielleicht dem Himmel noch einmal danken«, nun Michael, »wenn sie Dir später das Kissen zurechtrückt und Dir hilft, wenn Du nicht mehr allein aus dem Bett kommst. Seele hat sie. So etwas kannst Du nicht kaufen.« »Woher willst Du denn das wissen?« Und Micheal erzählte seinem Vater, wie gefühlvoll sie mit ihrem Pferd umgegangen war und wie der Rappe sich an sie geschmiegt hatte. »Sag der Frau Gräfin, sie solle mit ihrem Töchterchen einmal vorbeikommen.«

34. »Ich glaube, der Michael von dem Großbauern Heine will mich haben«, erzählte Sahra ihrer Mutter am Abend vom Hergang des Tages. Sie gingen zu Heine, nachdem Michael sie darum gebeten hatte.

»Mein Sohn ist in ihre Tochter verknallt«, fiel der Bauer mit der Tür ins Haus, kaum dass sie sich zum Kaffee gesetzt hatten. Michael wurde puterrot und Sahra lachte. »Was kann sie denn mit einbringen. Ist es wahr, dass Ihr ganzes Hab und Gut für die Pflege des seligen Grafen verbraucht wurde?« »Einzig unsere kleine Villa ist uns geblieben«, erwiderte Marie lächelnd, »und eine Kuh. Und eine silberne Zwölf Kreuzer Münze haben wir, unser Familienwappen.« »Eine Zwölf Kreuzer Münze«, wiederholte der Bauer ungläubig. »So etwas gibt es doch gar nicht.« »Doch«, sagte Marie, »die wird seit Generationen weitergegeben.« Sie öffnete ihr Amulett und reichte dem Bauern die Münze. »Zwölf Kreuzer - Fünf einen Gulden«, las der Bauer und die Jahreszahl 1408 stand darauf. »Die ist ja bald zweihundertfünfzig Jahre alt«, »und unbezahlbar«, ergänzte Marie. »Sahra wird sie einmal bekommen.« »Nein, nein«, wandte Sahra ein. »Davon will ich gar nichts wissen«, und sie nahm ihre Mutter in den Arm.

»Wie sieht denn nun Frau Gräfin die Sache?«, fragte der Bauer. »Ich denke, das müssen wir Sahra fragen.« »Nun«, sah der Bauer Sahra an, »sag Du was.« Natürlich wollte sie den Michael gerne haben. Laut sagte sie, »aber nur, wenn ich den Rappen dazu kriege, will ich es mir mal überlegen.« Da lachten sie alle und die Sache war besiegelt. Eins war noch zu regeln, der Name. Sie entschieden sich für Sahra Heine Gräfin zu Wolkenstein und Michael Heine Graf zu Wolkenstein. Es wurde eine besondere Hochzeit, hoch zu Ross, Sahra auf dem Rappen. Michael ritt eine braune Stute.

Es war ein warmer Junitag. Die Feier war noch

hoch zu Gange, da machten sich die beiden aus dem Staube. Man konnte noch lange das Getrappel der Hufe hören. Mit der aufgehenden Sonne des nächsten Morgens kamen sie zurück. Das Dorf war stolz auf seinen Adel.

35. Noch jemand war überglücklich, Marie. Sie war ganz selig, wie gut es Sarah nun hatte. Das Angebot von Bauer Heine, zu ihm zu ziehen, lehnte sie aber ab. Sie werde gerne und oft zu Besuch kommen, versprach sie. Der Bauer war schon lange Witwer und hätte Marie gern bei sich gehabt. Das konnte sie aber nicht. Sie lebte immer noch ihre Ehe mit Gerhard, ohne dass irgendjemand eine Ahnung davon hatte, auch Sahra nicht. Sie musste nicht ständig auf den Friedhof rennen. Sie lebte mit ihm in einem Himmel. »Aber Freunde können wir werden«, sagte sie zu Heine, »gute Freunde.« »Wenigstens das«, sagte der Bauer. »Du wirst schon merken, was ich für ein feiner Kerl bin« und hatte die Hoffnung nicht aufgegeben. »Der Hermann bin ich«, sagte er. »Und Du sagst Marie zu mir«, erwiderte sie »und lässt die Frau Gräfin weg.« Michael war ganz verrückt mit seiner Sarah und sie auch mit ihm, ließ es aber niemanden merken. Ihrem Rappen erzählte sie alles und der nickte dazu verständnisvoll mit dem Kopf. Die beiden Alten hatten ihre Freude an dem jungen Paar. Marie half weiter bei ihrem Milchbauern. Und begehrenswert war sie wie eh und je, aber eben für niemanden zu haben. Ein Schild 'Villa Wolkenstein' ließ sie über ihrem

Häuschen anbringen und war damit zufrieden. Sie besuchte den Bauern und er kam gelegentlich zu ihr. Das waren zwei Welten, sein Herrensitz muss man schon sagen und ihr Häuschen. Aber schön hast Du es hier auch, gab er zu. »Weißt Du, was ich gut finde?«, sagte er, »obwohl wir nicht verheiratet sind, Großeltern können wir trotzdem werden. Aber wie lange soll ich denn da noch warten?«»So kenne ich dich ja gar nicht, Hermann. Nun, die Großmutter von der Sahra, die Lisa, die war gerade mal zwanzig, als ihr Gottfried kam. Und die Sahra hat sehr viel von ihr.« Hermann atmete auf. »Weiß du, Marie, ich habe das Gefühl, dass ich nicht so sehr alt werde. Und immer mehr ertappe ich mich dabei, wie ich mir vorstelle, dass so ein kleiner Purzel herumspringt.« »Da musst Du noch ein bisschen durchhalten. Selbst wenn die Sahra heute schwanger würde«, rechnete sie ihm vor, »dann käme das Kind in neun Monaten. Bis es dann herumspringt, oder sagen wir herumtappst, musst Du noch einmal ein Jahr warten. Wir haben jetzt September. Also den nächsten Juni und dann noch ein Jahr drauf. Das ist das allerfrüheste.« Hermann seufzte.

36. Es war so, als wenn Sahra und Michael gelauscht hätten, was für Gedanken auch immer ihnen dabei durch den Kopf gegangen waren. Am sechsten Dezember jedenfalls, als sie zur Geburtstagsfeier von Hermann zusammensaßen, fing Michael auf einmal an, »die Sahra hört doch immer so aufmerksam zu, wenn ich was sage. Und da habe ich ihr ein Kind in den Bauch geredet. Was sagt ihr dazu?« »Ein Juniwürmchen wird es«, ergänzte Sahra noch. »Du bist ein tüchtiger Redner, mein Sohn. Und Du, Sahra, musst sehr klug sein, dass Du alles so gut verstehst, was der Michael sagt.« Alle vier erfasste eine ausgelassene Stimmung. Ihr Leben hatte eine neue Richtung bekommen.

Michael ging in Sahras Nähe nur noch auf Zehenspitzen und fasste sie mit Glaceehandschuhen an. Und der Rappe bleibt im Stall, ordnete er an. Sahra machte sich lustig. »Er will aber so gerne reiten.« »Wer?« »Albert hat es mir geflüstert.« »Welcher Albert?« »Na, ich kriege doch ein Kind. Das solltest Du eigentlich wissen, Michael. Ein Junge wird es, Albert. Und der hat mir gesagt, dass er am liebsten auf dem Pferd zur Welt kommen würde.« Und sie schwang sich auf ihren Rappen und galoppierte erst einmal eine halbe Stunde. Michael war ziemlich ratlos.

Sahra war jetzt viel mit ihrer Mutter zusammen. »Wir kriegen das Kind hier in der Villa«, verabredeten sie. Es wurde eine Bilderbuchentbindung, als wenn Sahra das studiert hatte. Ein Junge, Albert. Das hatte sie gewusst. An die beiden Männer schickten sie einen Boten, dass Albert ihnen morgen zwischen zehn und elf eine Audienz gewähren würde. Abgespannt sahen die aus, übernächtigt, als wenn sie die Entbindung gehabt hätten und waren nun erleichtert und voller guter Wünsche für Albert Graf zu Wolkenstein. Michael war mit allem einverstanden und Hermann auch.

Im ersten Jahr waren eigentlich nur die Frauen

mit dem Kleinen beschäftigt. Aber als er dann laufen gelernt hatte, kamen auch die Männer ins Spiel. Besonders interessant war für ihn der Opa, ein Riese, der sich seitlich etwas niederbeugte, seine Hand nahm und mit ihm spazieren ging. Hermann zog sich aus der Leitung seines Gutes immer mehr zurück und übertrug diese Aufgaben an Micheal. Er habe Höheres zu tun, erklärte er und meinte damit seinen Enkel, mit dem er immer neue Spiele erfand. Das schönste Spiel aber war, der Opa ist tot.

Albert gab ihm mit seinen kleinen Kinderfäustchen eins auf die Nase. Hermann sank zusammen und sagte, »jetzt bin ich tot.« Und Albert lachte und zupfte ihn am Ohr und sprang lustig um ihn herum und zupfte noch einmal. Und dann machte Hermann »uh« und Albert gab ihm wieder eins auf die Nase und Hermann sackte zusammen. »Der Opa ist tot, der Opa ist tot«, sauste Albert lustig hin und her, zupfte an seinem kleinen Finger. Und Hermann noch einmal »uh«. Und dann, »warte, Du Schlingel«, ergriff ihn und hielt ihn hoch in die Luft. Und Albert zappelte da oben und kreischte vor Freude.

Eines Tages, gleich nach dem Frühstück, da tanzte der kleine Albert wieder lustig um den Opa herum. Er zupfte ihn an der Nase und am Finger und am Ohr. »Der Opa ist tot, der Opa ist tot«, sprang er ausgelassen durch die Wohnung. Und wieder an der Nase und am Ohr. »Du sagst ja gar nichts, Opa. Da spiel ich nicht mehr mit«, sagte Albert beleidigt, als der sich gar nicht regen wollte und verschwand. »Was ziehst

Du denn für ein Gesicht?«, fragte ihn Sahra, wie sie Albert eingeschnappt nach oben schleichen sah. »Der Opa ist böse.« »Wieso?« »Der spielt nicht mehr mit mir. Ich habe doch gar nichts gemacht«, heulte er nun los. »Na komm mal mit.« Und sie gingen zusammen hin. Sahra sah sofort, was los war. Ihr Vater war in seinem Lehnstuhl einem Schlag erlegen. »Der Opa braucht jetzt ganz viel Ruhe«, nahm Sahra Albert bei der Hand und ging mit ihm leise auf sein Zimmer.

37. Am nächsten Morgen erklärte Sahra dem kleinen Albert, dass der Opa nun im Himmel sei. Der Liebe Gott habe ihn zu sich gerufen. Und da sei er gegangen. Übermorgen können wir alle noch einmal Abschied von ihm nehmen. Der Herr Pfarrer wird das machen. »Ist der Opa tot?«, fragte Albert, der das mit dem Lieben Gott nicht verstand. »Der Opa ist jetzt in der Ewigkeit«, sagte Sahra. »Der Herr Pfarrer wird das in der Kirche noch einmal erklären.«

Noch am Abend, als Albert schon schlief, war der Großvater abgeholt und mit aller Sorgfalt in einen Sarg gebettet worden, der nun in der Kirche vor dem Altar stand.

Albert glühte vor Erregung, wie er das alles in der Kirche sah. Da stand eine große lange Kiste, über und über mit Blumen bedeckt. Alles für den Opa. Und Kerzen beleuchteten große bunte Darstellungen von Engeln und dem Herrn in der Höhe. Und der Herr Pfarrer erzählte, was der Opa für ein wunderbarer Mensch gewesen sei – er hatte nämlich nicht nur einmal ein schönes Sümmchen für die Kirche gespendet. – Und der Pfarrer segnete ihn und versprach ihm den ewigen Frieden. Und dann wurde der Sarg, wie sie die schöne Kiste nannten, zu einer vorbereiteten Stelle auf dem Friedhof getragen und in die Erde eingelassen. Und noch einmal segnete ihn der Pfarrer und Michael weinte und Sahra weinte und viele von den Menschen, die gekommen waren, weinten. Albert verstand das nicht. Er stand nur da mit großen staunenden Augen. Das war doch wunderbar, wie gut es der Opa nun hatte. Nur schade, dass er jetzt nicht mehr mit ihm spielen konnte.

38. Albert war jetzt immer auf dem Friedhof, wenn es eine Beerdigung gab. Und er wusste im Voraus, wie alles ablaufen würde. Er schlich dem Pfarrer hinterher, was der so alles für geheimnisvolle Dinge hatte. Der Albert wird mal Pastor, hieß es bald in der Familie.

Der Pfarrer wurde bald aufmerksam auf den Jungen und hatte seine Freude daran, wie gut der alles von dem verstand, was er sagte. Oblate, Leib des Herrn, Monstranz, Weihwasser, Jungfrau Maria, Jesus Christus, Gott Vater, der Heilige Geist, das Jüngste Gericht,..., das alles hatte bald einen festen Platz in seiner Welt. Und als Albert sein vierzehntes Lebensjahr erreicht hatte, wurde er Messdiener.

Eine kleine Freundin hatte der Albert, die Eva vom Bauern Wasel. Sie staunte über alles, was ihr Albert von der Kirche und vom Friedhof und vom Pfarrer erzählen konnte. Sie bewunderte ihn, aber wirklich interessiert hat es sie nicht, nur, wie der Albert das erzählte. Sie saßen oft

bei Sonnenuntergang zusammen und Albert er-
klärte ihr, dass der Herrgott sie damit segne,
wenn er die Sonne am Abend so groß gemacht
habe. Sie saßen oft so zusammen und der
Albert fragt den Herrn, warum er die Eva so
schön gemacht habe. Eine wunderbare Wärme
ging von ihr aus. Wenn der Abend kühler wurde,
rückten sie noch näher zusammen und ihre Kör-
per pulsierten. So saßen sie viele Sommerabende
unzertrennlich beieinander. Wir können doch
unsere Hände miteinander falten, sagte Eva.
Und sie betete immer inbrünstiger wegen der

Sünde, die in ihr aufkam und sie umschlang den Albert, der bald seine Zurückhaltung aufgab.

Der Pfarrer war ihnen aber auf die Schliche gekommen, als er merkte, dass Albert nicht mehr von dieser inbrünstigen Aufmerksamkeit für die Kirchendinge erfüllt war. Mit Entrüstung hatte er die beiden beobachtet und war dazwischengefahren. Er schickte Eva in ein Kloster und Albert musste seine Priesterlaufbahn abbrechen. Eva hatte aber den Keim des Lebens schon in sich und musste es der ehrwürdigen Äbtissin Magdalena Johanna, der sie anvertraut war, bald gestehen. Eva hatte furchtbare Angst und bat um eine milde Strafe. »Mein Kind«, aber sagte Magdalena, »Die Wege des Herrn sind unergründlich«. Wenn der Himmel unseren heiligen Hallen ein Kindlein anvertraut, werden wir es dankbar annehmen und behüten.« Und Eva erzählte ihr vom Vater des Kindes, Albert Graf zu Wolkenstein. Es wird ein Mädchen, Mutter Oberin, ich fühle es und ich werde es Johanna Gräfin zu Wolkenstein nennen. Die Äbtissin war es zufrieden. Die Anwesenheit einer Gräfin würde dem Ansehen ihres Klosters gut tun.

Was erst nur ein heimliches Gerücht war, wurde bald zur Gewissheit, der wie ein Blitz durch die fromme Gemeinde fuhr. Noch bevor der kleine Erdenbürger ans Licht der Welt kam, waren sie alle wie neu geboren. Die Arbeiten und Andachten waren von einem neuem Geist beseelt. Solch ein emsiges und fröhliches Treiben hätte keiner hinter diesen Mauern vermutet.

Und als sie dann schließlich da war, Johanna
Gräfin zu Wolkenstein, da waren sie alle vollends

aus dem Häuschen, die Äbtissin inbegriffen. Sie bekreuzigten sich und fielen fortwährend auf die Knie. »Oh, mein Gott in der Höhe«, riefen sie. »Nein, so ein Geschenk des Himmels.« Und sie dankten dem Herrn immer und immer wieder. Ein Kind, das mit so viel Liebe und Fürsorge bedacht wurde, gibt es gewiss nicht noch einmal auf der Welt. Ganze sechzehn Jahre war die Eva. Eine bessere Mutter konnte man sich aber nicht denken. Wenn sie ihre Nonnenkutte beiseiteschob und Johanna zum Stillen anlegte, bildete sich jedes Mal eine große Traube um sie. Es gibt ja auch nichts Schöneres. Ein Beobachter hätte seinen Spaß daran gehabt, mit anzusehen, wie die Nonnen bei jedem Zug des Säuglings mitschluckten.

39. Noch nach Jahren, als Johanna schon lange in den ernsteren Dingen des Lebens unterwiesen wurde, saßen die Nonnen abends oft beisammen und erzählten sich die wunderbaren Dinge von dem Säugling.

Es mag an diesen Abenden gewesen sein, an denen erst heimlich bei der einen oder anderen, aber dann immer heftiger bei ihnen allen der Wunsch aufkam, so ein Säugling möge ihnen doch noch einmal geschenkt werden. Sie brauchten eine lange Zeit, bis sie diesen Gedanken ganz vorsichtig der Mutter Oberin beichteten und mit einer strengen Zurechtweisung rechneten. Umso erstaunter und erleichtert waren sie, dass Magdalena ebenso empfand wie sie. Was aber sollten sie machen. So ein Kind fällt ja schließlich nicht vom Himmel.

In der Folgezeit waren sie in ihrer Umsicht und Fürsorge mit Johanna nicht zu übertreffen, so dass Johanna das Gefühl hatte, auch einmal etwas wiedergeben zu müssen. Als dann die Äbtissin entschied, dass sie sich Pferde halten sollten, war das für Johanna ein willkommener Arbeitsbereich. Es lag ihr im Blut, mit den Tieren umzugehen. Eva gab ihr das Amulett, und erzählte ihr an den dunklen Winterabenden die lange Geschichte dazu. »Die Zwölf Kreuzer Münze«, sagte sie, »wird Dir Glück und Segen bringen, wie sie uns immer beschützt hat. Und sie möge das Amulett dereinst weitergeben, damit es in der Reihe der Grafen zu Wolkenstein weiter getragen werde.«

Die Äbtissin hatte nun die folgende Vorstellung. Sie wollte Johanna für Besorgungen hoch zu Ross in repräsentativer Vertretung des Klosters in benachbarte Dörfer schicken. Auch könne sie, ganz gegen die strengen Vorschriften des Klosters, so lange bleiben wie sie wolle und auch einmal über Nacht wegbleiben und auch ihre Garderobe etwas auflockern. Das alles in der heimlichen Hoffnung, dass Johanna eines Tages gesegneten Leibes zurückkommt. Anspielungen seitens ihrer frommen Schwestern und heimliche Hinweise bekam sie genug. So temperamentvoll, wie Johanna mit ihren zwanzig Jahren war, konnte sie sich Schlimmeres vorstellen.

Und als sie der Mutter Oberin eines Tages gestehen musste, dass sie an den vielen warmen

Sommerabenden der Sünde nicht hatte widerstehen können und dass sie nun ein strampelndes Etwas in ihrem Bauch bemerke, da war sie über die Ausgelassenheit und Freude der Äbtissin und ihrer Betschwestern über die Maßen überrascht und glücklich.

40. Die Geschichte derer von Wolkenstein nahm des Weiteren einen eher ruhigen Verlauf. Der Zufall wollte es, dass Johanna auch ein Mädchen gebar. Und sie nannten sie Johanna II. Im nachhinein wurde ihre Mutter Johanna I. genannt.
So unglaublich dies auch klingen mag, die Dinge wiederholten sich ein ganzes Dutzend Mal. Am Ende wurde Johanna XIII. im Kloster geboren und sorgte dort für die große Freude am Leben. Diese überschwängliche Freude am Leben war das Geheimnis dieses Klosters. Gespeist wurde sie durch das Leuchten eines wiederkehrenden Kometen, als welche die Geburten hier gefeiert wurden. Es währte eine schier unendlich lange Zeit, abseits von der Welt, die sich die wirkliche nannte und in der die Kriege tobten. Die Kinder wurden gefeiert, behütet und im Sinne dieses Klosters erzogen, damit sie die alte Tradition fortsetzen, die diesem Kloster ihren Geist gab. Johanna XIII. schließlich war schon frühzeitig mit der Geschichte dieses Klosters vertraut und es erfüllte sie mit wilden Träumen. Und als sie dann gewahr wurde, dass nun auch wirklich in sie die Hoffnung auf ein Kind gesetzt wurde, wollten ihre nächtlichen Ausschweifungen außerhalb der Klostermauern kein Ende finden.

Mutter Oberin sah es mit Wohlgefallen, dass es immer später wurde, wenn Johanna das schwere Tor wieder hinter sich schloss. Es konnte aber nicht lange währen. Ihre Fruchtbarkeit setzte dem Treiben ein Ende und die in sie gesetzten Hoffnungen wurden wahr, dass es nämlich bald wieder zu dem großen Ereignis kommen würde.

Mit derselben Spannung wie bei allen voran-
gegangenen Geburten hier in diesem Kloster er-
warteten die frommen Schwestern nun die
Niederkunft von Johanna XIII., bis es dann am
Freitag, dem 13. August 1954 so weit war, aber
dieses Mal nach unendlich langer Zeit, ein Junge,
Maximilian Gunnar Graf zu Wolkenstein. Das
ganze Kloster stand Kopf.

Aber der Junge legte sich quer, vom ersten Tag
an. Diese ganze Weibergesellschaft passte ihm
offenbar nicht, von Anfang an. Ob das möglich
war, ist schwer zu sagen. Jedenfalls machte er
Schwierigkeiten, wo immer er konnte, verweigerte
die Brust und schrie, weil er Hunger hatte und
spuckte, wenn er dann trank, machte die Windeln
voll, wenn er gerade frisch gewickelt war. Und
nicht so selten, dass er seiner Mutter oder den
Nonnen, wenn sie sich um ihn kümmerten, ins
Gesicht gepinkelt hat. Er spektakelte, was das
Zeug her hielt, die ganze Nacht durch, so dass
keiner schlafen konnte. Und wenn dann der Mor-
gen kam, wenn für die Nonnen die Pflichten
riefen, schlief er, trank nicht und schlief. So war
denn das Theater um ihn zwar dasselbe wie es
immer gewesen war, es kam aber nicht so von
Herzen. So geübt in der Pflicht, wie sie alle
waren, konnte das ein Außenstehender schwer-
lich bemerken.

Maximilian aber hatte begriffen, worum es in
dieser Welt ging, bevor er noch richtig auf ihr
stehen konnte. Um den eigenen Vorteil ging es
und nichts weiter.

41. Gut ging es dem Maximilian bei den Non-
nen allemal. Sie statteten ihn aus mit allem, was
man im Leben brauchen könnte. Denn er würde
ja nicht hier im Kloster bleiben, zum Glück und
dafür wollten sie auch was tun. Die Äbtissin
war sogar bereit gewesen, die Klosterkasse zu
öffnen, damit sie ihn auf eine Lateinschule
schicken konnten. Nun war er nur noch an den
Sonntagen zu Hause, was für alle eine spürbare
Erleichterung bedeutete, aber natürlich auch in
den Ferien, wo dann die Spannungen wieder hoch
kamen.

Maximilian lernte schnell und interessierte sich
viel für die Familiengeschichte. Was aber keiner
ahnte, er verfolgte ein klares Ziel. In seiner Fami-
lie hatte es früher bei Marie ein kleines Haus
gegeben, die Villa Wolkenstein und bei dem Opa
Heine einen Herrensitz. Und dann war da noch
ein Anwesen in Thüringen. Er musste nur noch
abräumen, war sein Plan.

Maximilian merkte wohl, dass er bei den Nonnen
nicht so gut gelitten war. Daraus musste sich
was machen lassen. Er ließ durchblicken, dass
er sich vorstellen könnte, bald in die weite Welt
zu ziehen. Eine Urkunde mit Schrift und Siegel
über seinen Stand als Graf zu Wolkenstein, so
etwas brauchte er aber, eine alte Urkunde.

Die Beziehungen der Äbtissin zur weltlichen
Macht waren nicht so schlecht und sie beschaffte
dieses Dokument. Dann ließ sie Maximilian zu sich
rufen und bedeutete ihm, dass sie eine schöne
Marschverpflegung für ihn hätte, eine Urkunde,

die sie ihm mit dem Verlassen des Klosters aus-
händigen würde. Da wurden sie sich einig.

Ganz so einfach ging es indessen nicht, mit dem
Abräumen. Opa Heine hatte in Übereinkunft
mit seinem Sohn Michael verfügt, dass sein gan-
zer Besitz bis auf einen kleinen Ruheanteil für
Michael an die Kirche geht, welche im Gegenzug
und in Erwartung dieses Bissens Albert seine
Priesterlaufbahn hatte fortsetzen lassen.

Anders verhielt es sich mit der Villa Wolkenstein
von Marie. Das Haus hatte lange nach ihrem
Tod im Jahre 1660 leer gestanden und war dann
von der Kirche als Pfarramt genutzt worden.
Hier machte Maximilian seine Ansprüche geltend.
Es gab keine Urkunde, gemäß welcher Marie
Gräfin zu Wolkenstein einen Verkauf oder eine
Überlassung dieses Hauses an die Kurie vollzo-
gen hätte, so dass diese ganze Inbesitznahme der
Villa Wolkenstein durch die Kirche jeder Grund-
lage entbehrte. Maximilian war der rechtmäßige
Erbe und hatte infolgedessen einen Anspruch
auf Nachzahlung der Miete für die zurückliegen-
den dreihundert Jahre. Die Zinsen war er bereit
gegen die Werterhaltungsmaßnahmen aufzurech-
nen. Und er erstritt am Ende eine ansehnliche
Summe sowie zusätzlich für den Verkauf des
Hauses eine lebenslange Rente. Da hatte er nun
ein gutes Polster, um sich um seine Besitzungen
in Thüringen kümmern zu können.

Er musste unbedingt die Kirchenbücher finden,
die Veronika geschrieben hatte. Er kaufte sich
einen Alfa Romeo, bretterte damit über die
Alpen und ließ sich im thüringischen Langenorla

nieder. Wir schreiben inzwischen das Jahr 1990. Deutschland wurde wiedervereinigt. Alles strebte in den Westen. Maximilian konnte günstig eine bequeme Eigentumswohnung erwerben und von hier aus seine Erkundungszüge starten. Er durchsuchte jede Gemeinde, jedes Pfarramt nach den alten Kirchenbüchern, bis er dann endlich fündig wurde und meldete sofort seine Ansprüche an. Er war der Alteigentümer und pochte nun auf die Rückübertragung. Reine Routine. Das wäre ja gelacht.

42. *Maximilian Gunnar Graf zu Wolkenstein lehnte sich bequem in seinem Ledersessel zurück, echtes Leder. Da stand es endlich schwarz auf weiß. Die Zwölf Kreuzer Münze, die er in dem Amulett hatte und die gleiche, die in der Ahnentafel eingeschweißt war. Das hatte zusammen mit seiner Urkunde den Ausschlag gegeben. Diese Urkunde. Maximilian Gunnar Graf zu Wolkenstein stand da auf dem Siegel mit dem Zusatz IT für Italien. Was das IT bedeutet, hatte der Angestellte im öffentlichen Dienst nachgefragt. »Das steht für 'In Thüringen'«, hatte Maximilian erklärt. Die alten Verhältnisse seien folglich zu restituieren, war von dem Amt zur Regelung offener Vermögensfragen daraufhin entschieden worden. Eigentum verjährt nicht. Es war sein reichsunmittelbares Lehen, ob es nun die Gemarkung Wolkenstein, wie sie in den Deckel eingezeichnet war, heute noch gibt oder nicht.*
— Unerheblich auch, ob es in Thüringen jemals eine Gemarkung Wolkenstein gegeben hat, ein

*Gebilde aus Veronikas Phantasien, geboren in
ihren quälenden Nächten mit dem Verlust von
Gottfried ringend. Im Grunde ist immer nur von
einer 'Villa Wolkenstein' die Rede gewesen. —*
*Er wird es nicht dulden, ballte Maximilian seine
Fäuste, wenn da nun niederes Volk auf seinem
angestammten Grund schmarotzen will. Das ist
dasselbe Gesindel, das meinen ehrwürdigen
Urahn Ludwig umgebracht hat, mein eigen
Fleisch und Blut,* geriet er in Harnisch.

Hier ging denn doch die Phantasie mächtig mit
ihm durch. Richtig, die Lene Kreuzer war nach-
her mit dem Baron verheiratet. Aber die Kinder
hatte sie ihm untergeschoben. Und richtig weiter
ging die Linie derer zu Wolkenstein erst wie-
der mit dem Stallburschen Heinrich. Dieser Stall-
bursche und die Leibeigene Lene Kreuzer, das
waren seine Wurzeln. Da sollte er nicht so sehr
von seinem adligen Blut tönen. Wie dem auch sei.
Bei den vielen Generationen, die es inzwischen
waren, spielte das sowieso keine Rolle mehr.

Ich nahm meinen Taschenrechner zur Hand.
Neuer Adel war seit dem Baron nicht mehr in die
Linie gekommen, wenn man der Ahnengeschichte
folgt. Bei vier Generationen pro Jahrhundert
muss man den Anteil des vermeintlichen blauen
Blutes, das nach fünf Jahrhunderten heute noch
in den Adern des Maximilian Gunnar Graf zu
Wolkenstein verblieben ist, zwanzig Mal hal-
bieren, mithin durch 2^{20} dividieren, also durch
etwas mehr als eine Million. Von seinen sieben
Litern Blut wäre dann etwa so viel übrig wie die
Menge von dem Volumen eines Stecknadelkopfes.

Wenn man vergleichsweise in der Ahnenreihe eines beliebigen einfachen Bürgers X zwanzig Generationen zurückgeht, so kann man wohl davon ausgehen, dass an irgendeiner Stelle auch schon einmal so ein Gräflein darüber gelaufen sein wird. Der Unterschied des Maximilian Gunnar Graf zu Wolkenstein zu dem von ihm geschmähten niederen Volk erscheint bei dieser Betrachtung viel weniger aufregend. –

Nichtsdestoweniger stürmte es durch sein Gehirn, das des Grafen Maximilian, dieses plumpe Pack muss seinem altehrwürdigen Adelsgeschlecht Tribut zollen. Ein zünftiger Zins ist ja wohl das Mindeste, was er hier verlangen kann.

Er fuhr in seine Reitstiefel und galoppierte hoch zu Ross auf den schmalen Wegen durch die Anlagen. Gärten, überall Gärten, soweit sein Auge reichte. Vorbei an den Parzellen dirigierte er seinen temperamentvollen Araber, Respekt fordernd, hier und da auch mal einen Zaun streifend, der den Hufen des Pferdes nicht standhielt. »Wenn der Zins zur Sonnenwende nicht auf meinem Tisch liegt, hol' ich mir die Lene«, sagte er die Passage aus der Ahnengeschichte laut vor sich hin und gab dem Pferd die Sporen. Knackige junge Dinger sprangen hier genug herum. Der Pächter Krause hatte den Eckpfeiler seiner Parzelle durch eine stabil einbetonierte Eisenstange ersetzt. Daran strauchelte der Gaul. Maximilian flog im hohen Bogen kopfüber vom Pferd und schlug hart am Boden auf. Darob zerbrach sein Genick und sein Lebenslicht erlosch, bevor er noch hatte den Zins eintreiben und sein

Adelsgeschlecht fortpflanzen können. Die eilends zu Hilfe herbeigeeilten knackigen jungen Dinger konnten daran auch nichts mehr rütteln.

Das uns bekannte Amulett mit der Münze war Maximilian bei seinem Sturz vom Hals und auf Krauses Parzelle geflogen. Da fand es Marlene, die Tochter von dem Krause und sah hinein.

»Sieh mal, was ich hier gefunden habe. 'Zwölf Kreuzer - Fünf einen Gulden' steht da auf der Münze und '1408'. Ein ganz altes Stück.«

Marlene legte die Münze zurück in das Amulett, das sie fortan um den Hals trug.

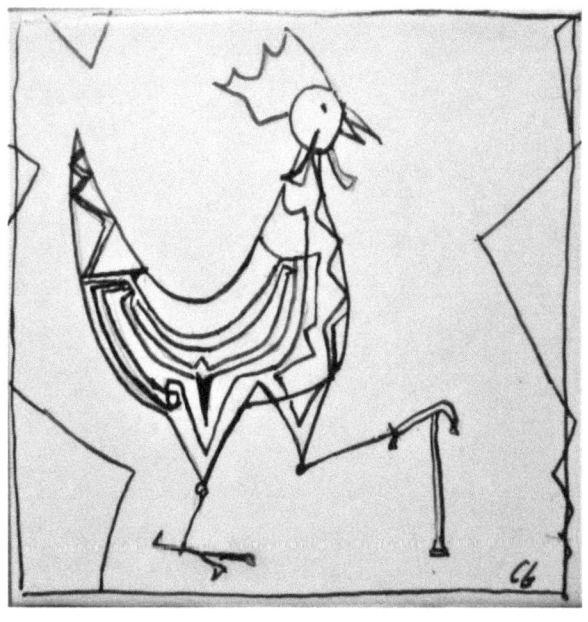

Die Personen:

Wolkenstein: 1. Phantasiegemeinde im Thüringischen mit der Villa Wolkenstein.
2. Gemeinde in Südtirol.

*1420. Paul Friedrich Kreuzer. Großvater von Helmut und Alfred Kreuzer.†1488.

*1465. Ludwig Elmar Baron zu Wolkenstein.†1525.

*1475. Helmut Kreuzer. Bauer.†1513.

*1475. Wilhelm Wiegel. Witwer. Bauer. Später Baron zu Wolkenstein.†1529.

*1477. Alfred Kreuzer. Helmuts Bruder.†1529.

*1480. Elke Kreuzer. Seine Frau.†1529.

*1482. August Meerbaum. Prior des Klosters zu Meerbaum.†1546.

*1485. Lene Kreuzer. Ehefrau von Helmut Kreuzer. Später Baronin zu Wolkenstein und Ehefrau des Ludwig Elmar Baron zu Wolkenstein. Später Ehefrau des Heinrich zu Wolkenstein.†1529.

*1495. Heinrich. Stallbursche auf dem Gut Wolkenstein. Später Heinrich zu Wolkenstein und Lenes Ehemann.†um1560.

*1508. Elmar Kreuzer. Sohn von Helmut und Lene. Später Elmar Albrecht zu Wolkenstein.†1564.

*1513. Luise Amalie zu Wolkenstein. Tochter von Helmut und Lene.†1564.

*1514. Christoph zu Wolkenstein. Sohn von Heinrich und Lene.†1529.

*1514. Lisa Wiegel. Tochter des Wilhelm Wiegel. Später als Lisa Gräfin zu Wolkenstein Ehefrau von Christoph.†1587.

*1515. Lena. Bäuerin und Vertraute von Veronika in Wolkenstein in Thüringen.

*1530. Gottfried Graf zu Wolkenstein. Sohn von Christoph und Lisa.†1582.

*1533. Veronika Basel. Bauernmädchen. Später Veronika Gräfin zu Wolkenstein. Ehefrau von Gottfried. †1620.

*1546. Paul Johann Graf zu Wolkenstein. Sohn von Lisa mit dem Prior von Meerbaum.†1587.

*1548. Rudolf Graf zu Wolkenstein. Sohn von Veronika und Gottfried.†1587.

*1582. Gerhard Graf zu Wolkenstein. Sohn von Veronika und Gottfried.†1640.

*1585. Hermann Heine. Großbauer in Wolkenstein in Südtirol.†1649.

*1590. Marie Wehlmann. Später als Ehefrau von Gerhard Gräfin zu Wolkenstein. †1660.

*1610. Johanna Magdalena. Äbtissin des Klosters zu Wolkenstein.†1682.

*1624. Michael Heine. Sohn von Hermann Heine. Verheiratet mit Sahra als Michael Heine Graf zu Wolkenstein.

*1625. Sahra Gräfin zu Wolkenstein. Tochter von Gerhard und Marie. Später als Ehefrau von Michael Sahra Heine Gräfin zu Wolkenstein.

*1645. Albert Graf zu Wolkenstein. Sohn von Sahra und Michael.

*1646. Eva Wasel. Kinderfreundschaft von Albert.

*1662. Johanna Gräfin zu Wolkenstein. Tochter von Eva und Albert. Später Johanna I. genannt. †1720.

*1682. Johanna II. Gräfin zu Wolkenstein. Tochter von Johanna I. Vater unbekannt.

*1700 - *1930. Johanna III. Gräfin zu Wolkenstein - Johanna XIII. Gräfin zu Wolkenstein. Jeweils die Tochter der vorher-gehenden Johanna mit unbekannten Vätern.

*1940. Thomas Teltow. Der Erzähler.

*1954. Maximilian Gunnar Graf zu Wolkenstein. Sohn von Johanna XIII. mit unbekanntem Vater. Ur...urenkel von Lene Kreuzer. †1990.

*1965. Marlene Krause. Tochter eines Pächters auf der fraglichen Gemarkung Wolkenstein in Thüringen.

Nachwort [15]

Meine sakrale Gedankenschale
steht im Grabe Kopf.
Kein Hirngespinst geht ein noch aus.
Da windet sich kein Zopf.

Sie ist mit richtiger Erde gefüllt,
als wie ein Blumentopf.
Und was ich die Tage vergeblich gefühlt,
nun blüht's aus meinem Kopf.

---

[15] Aus Rela Ferenz »Alles nur Gedichte«, united p. c. 2013.

Inhalt

Rela Ferenz, geboren 1940 in Bochum,
aufgewachsen in Bernburg/Saale.
Physikstudium und Promotion in Berlin.
Verheiratet. Zwei Kinder.
Akademie der Wissenschaften zu Berlin.
Max-Planck-Institut f. Metallforschung Stuttgart.
Fachhochschule Bielefeld.
Humboldt-Universität zu Berlin.
Vorlesungen und Lehrbücher über
Relativitätstheorie, Bewegung in Raum und Zeit.
Lyrik und Kurzprosa. Bisher erschienen sind:
»Mord in der Steintherme - Skurrile Texte«
(novum eco 2011. 2. Aufl. united p. c. 2014).
»Geschichten aus dem Nichts -
Mirakel · Märchen · Moritaten«(novum eco 2012).
»Die Mühle am Bach - Gedichte«(united p. c. 2012).
»Sintemalen Floh und Fliege -
Mahlsdorfer Gedichte«(united p. c. 2013).
»Tod in Tegel und andere Geschichten«(united p. c. 2013).
»Alles nur Gedichte«(united p. c. 2013. 2. Aufl. 2016.),
»Die Blutmütze - Erzählungen«(united p. c. 2013)
»Johanna Schellenbaum - Erzählungen«(united p. c. 2014).
»Das Sperrgebiet - Ein Kaleidoskop«(united p. c. 2014).
»Tod am Schwielowsee ∗∗∗ Mathilde -
Zwei Kriminalromane«(united p. c. 2015).
»Die Jüdin - Vier Liebesgeschichten«(united p. c. 2015).
»Die Mangel - Kriminalroman«(united p. c. 2017).

Christina Günther, geboren 1948 in Berlin-Biesdorf,
Schule und Studium in Berlin.
Verheiratet. Zwei Kinder.
Arbeiten in Aquarell, Mischtechnik, Acryl und Bleistift.
Porträts. Illustration von Büchern. Ausstellungen.

Zeitfracht Medien GmbH
Ferdinand-Jühlke-Straße 7
99095 Erfurt, Deutschland
produktsicherheit@kolibri360.de